Los mejores
chistes

JULIO CÉSAR PARISSI

Los mejores chistes

Editorial El Ateneo

Parissi, Julio César
Los mejores chistes. - 1º ed. - Buenos Aires: El Ateneo, 2004.
320 p.; 24 x 17 cm

ISBN 950-02-7464-7

1. Humor I. Título
CDD U867

Diseño de cubierta: Departamento de Arte de Editorial El Ateneo

Diseño de interiores: Lucila Schonfeld

Primera edición de Editorial El Ateneo

Patagones 2463 - (C1282ACA) Buenos Aires - Argentina
Tel.: (54 11) 4943 8200 - Fax: (54 11) 4308 4199
E-mail: editorial@elateneo.com

Impreso en Verlap S.A.
Comandante Spurr 653, Avellaneda,
Provincia de Buenos Aires,
en el mes de enero de 2006.

Queda hecho el depósito que establece la ley 11.723

Impreso en la Argentina

Índice

El mundo está loco, loco, loco

Humor sobre psiquiátricos y personajes ridículos

MEGALOMANÍA

El hombre consulta a un psicólogo.

—Doctor, me siento un ser superior. ¿Podría curarme?

—Por supuesto. Sólo tiene que contarme su problema desde el principio.

—Bueno, en el principio era el Caos y yo creé el Cielo y la Tierra, y luego…

SACRIFICIO

En los sanitarios comunes de un psiquiátrico, a un loco se le cae una moneda de un peso en el retrete.

—¿No irás a meter la mano allí por un peso? —le dice otro loco.

El primero toma cuatro monedas más y las arroja al artefacto.

—Ahora sí. Por cinco pesos me sacrifico y lo hago.

DE PASEO

Dos hombres se encuentran en la calle. Uno pasea a un pingüino con una correa.

—¿De dónde sacaste ese pingüino?

—Lo encontré en la costa, estaba perdido, y ahora lo estoy paseando.

—Deberías llevarlo al zoológico.

—Si tú pagas la entrada, yo no tengo problema.

TRAVESTIDO

En el psiquiátrico. Un loco invita a otro:

—¿Jugamos a las damas?

—De ninguna manera.

—¿Por qué?

—No me gusta vestirme de mujer.

DUDA CELESTIAL

Dos locos caminan por una calle, discutiendo. Pasa un hombre y los locos lo detienen.

—Disculpe, tenemos una discusión con mi amigo. Él dice que eso que está en el cielo es la Luna y yo digo que es el Sol. ¿Usted qué opina?

—Y... no sé. Yo no soy de esta zona.

CABALLEROSIDAD

Una mujer mayor sube a un autobús repleto y tiene que quedarse de pie. Con mucho enojo, dice en voz alta:

—En este autobús no hay caballeros…

Se escucha una voz del fondo que responde:

—Se equivoca, señora. Caballeros hay muchos; lo que no hay son asientos.

HACIENDO ECONOMÍA

Un hombre entra en un comercio de artículos deportivos completamente desnudo, calzado solamente con botines de fútbol. Lo detiene un empleado.

—¿Usted está loco? ¿Cómo entra de esa manera a este comercio?

—Por el cartel de la puerta que dice: "50% de descuento en pelotas y botines de fútbol".

VICIO DESGANADO

Se encuentran dos amigos.

—¿Dónde te metiste en este último mes?

—Estuve internado en una clínica donde te quitan las ganas de fumar.

El amigo observa que el otro tiene un cigarrillo encendido entre los dedos.

—¡Pero tú sigues fumando!

—Sí, pero sin ganas…

LA PRIMERA VEZ

En el hotel, en la habitación de los recién casados. La ingenua novia está temblando.

—Mi amor, no te pongas tan nerviosa.

—No puedo dominarme, querido. Cada vez que lo hago por primera vez me pasa lo mismo.

POCO ESTUDIO

Dos chicos, en la escuela.

—Cuando termine el colegio, voy a hacer una carrera corta.

—¿Qué vas a estudiar?

—Voy a estudiar para enano de circo.

A HORARIO

El estudiante vuelve a su ciudad y llama a su casa para avisar.

—Papá, llegué tarde y perdí el tren. Viajo mañana a la misma hora que hoy.

—No seas tonto, hijo. Si lo haces a la misma hora, lo volverás a perder.

ERÓTICA

La esposa, ya entrada en años, quiere tener una noche de amor con su marido. Para provocarlo, entra al dormitorio completamente desnuda.

—Querido, ¿te gusta mi traje de Eva?

—No está mal, pero podrías haberlo planchado un poco.

EL TIEMPO CAMBIA

Un hombre detiene a otro en medio de la calle.

—¡Alberto, cuánto tiempo hace que no te veo! ¡Qué cambiado estás! ¡Estás más delgado, te vistes distinto, cambiaste tu peinado...!

—Perdone, señor, pero no soy Alberto. Me llamo Javier.

—Pero, Alberto, ¿te cambiaste de nombre, también?

LUZ

En un psiquiátrico.

—La luz está muy fuerte —le dice un loco a otro—. ¿Cómo puedo bajar la intensidad?

—¿Por qué no pruebas desenroscando un poco la bombilla?

DEUDA PENDIENTE

Dos amigos.

—¿Qué te pasa que te veo tan preocupado?

—Es que le presté 2000 dólares a un amigo para que se hiciera una cirugía estética y ahora estoy necesitando ese dinero.

—¿Y por qué no le pides que te lo devuelva?

—Es quc ahora no lo pucdo rcconoccr…

SUPERHÉROE

Un gallego va por una ruta oscura. Se le aparecen dos asaltantes, lo encañonan y le piden el dinero. De pronto, surge frente a ellos un hombre vestido de negro, con un pañuelo negro en sus ojos, sombrero negro y una Z en el pecho. Al verlo, los ladrones huyen despavoridos. El gallego se arrodilla frente a este hombre y le dice:

—¡Gracias, Zúperman!

INQUILINO ENOJADO

Un hombre llama al dueño de la casa que está alquilando.

—Señor, tiene que venir a ver el enorme nido de ratas que tengo en el fondo de casa. Si no las elimina, no le pagaré más el alquiler.

El dueño corre presuroso a la casa. El hombre lo hace pasar y, mientras van hacia el fondo para ver el nido de ratas, se le cruzan dos delfines y un calamar.

—¿Y esto qué es? —pregunta el casero, asombrado.

—No, no, veamos primero lo de las ratas. De la humedad hablamos después...

DISTANCIA

Dos locos en un psiquiátrico de Madrid.

—Tú, que eres inteligente, ¿qué está más lejos, París o la Luna?

—París, por supuesto. ¿O acaso tú ves París desde aquí?

NOMBRES

En el psiquiátrico.

—¿Sabes como se llaman los habitantes de Cerdeña?

—Algunos sí, pero todos, no.

¡QUÉ EQUIPO!

Dos fanáticos del fútbol.
—Mañana voy a ver al Real Madrid.
—¿Juegan las estrellas?
—No, el partido es de tarde.

GÉNERO INDEFINIDO

Dos pequeños niños están frente a un paredón que rodea un campo nudista. Uno de ellos se trepa y observa. El que queda abajo, le pregunta:

—¿Qué ves?

—Mucha gente.

—¿Hombres o mujeres?

—No sé. Están todos desnudos.

ACCIDENTE

Un contingente de políticos de primer nivel viajaba en un autobús haciendo una recorrida proselitista por el interior de un país sudamericano. Cuando transitaba por una ruta de montaña, chocó y se desbarrancó. Enseguida llegaron las brigadas de auxilio y la prensa. Un periodista le preguntó al jefe del operativo.

—¿Qué pasó con los que viajaban en el autobús?

—Ya los hemos metido a todos en ataúdes y los enviamos a la morgue.

—¿Cómo? ¿No quedó ninguno vivo?

—Bueno, alguno decía que estaba vivo. Pero, vio cómo son de mentirosos los políticos...

Sabía tan poco de comunicaciones modernas que le encargaron mandar un fax confidencial y lo dobló al medio antes de enviarlo.

UNA RASCADA

Un motociclista gallego se estaba rascando la cabeza con el casco puesto.

—¿Cómo vas a rascarte con el casco puesto? —le dice un amigo.

—¿Por qué no? Cuando te pica una nalga, ¿te bajas los pantalones?

AIRE

En un psiquiátrico, en un día de mucho calor, un loco se abanica con una sierra.

—¿Por qué haces eso?

—Porque me dijeron que el aire de la sierra es más sano.

TRANSPORTE

Un loco va por la calle. Se acerca a una parada de autobús y le pregunta a un hombre que pasa:

—¿Qué autobús debo tomar para llegar al puerto?

—Es el número 10, que tiene la parada aquí mismo.

Al rato vuelve a pasar el mismo hombre y ve que el loco sigue en la parada.

—¿Todavía no tomó el autobús?

—Es que recién pasaron 8.

MUY LANZADO

En Galicia.

—¿Sabes que murió Joaquín al caerse desde un balcón?

—¿Cómo fue?

—Lanzó una colilla de cigarrillo y olvidó soltarlo.

AGUA Y MÁS AGUA

Un demente sale de su dormitorio y le pide al enfermero de guardia.

—¡Por favor, un vaso de agua!

Este se lo da, pero el loco vuelve enseguida y le pide otro. Al quinto vaso que le pide, el enfermero, cansado, le dice:

—¡Basta! ¡Ya le di cinco vasos...!

—¡Es que se cayó el velador y se me está incendiando el cuarto!

VERANO CALIENTE

La pareja está planificando sus vacaciones.

—¿Qué te parece si vamos a Río de Janeiro? —pregunta la mujer.

—¿En enero en Río? ¡La temperatura más baja es de 40 grados a la sombra!

—¿Y qué importa? Yo pienso estar todo el día en la playa, al sol...

Era un tipo tan bruto que mató a su perro porque le dijeron que la esposa lo engañaba con su mejor amigo.

DULCE SUEÑO

En plena noche, un autobús de larga distancia va a más de 120 kilómetros por una ruta peligrosa. Uno de los pasajeros le pide al que está más adelante:

—Por favor, dígale al chofer que disminuya la velocidad.

—Dígaselo usted. Si lo llego a despertar, me mata.

DEPRESIÓN Y EUFORIA

Un hombre le comenta a otro:

—Ayer me levanté sintiéndome tan pero tan deprimido que decidí suicidarme tomando 40 aspirinas.

—¿Tomaste cuarenta aspirinas y estás vivo?

—No, a la segunda que me tomé ya me sentí mejor...

MÁS ABAJO, IMPOSIBLE

Suena el teléfono y el hombre atiende.

—Soy su vecino del tercer piso —dice una voz—. Le pido, por favor, que baje el televisor.

—Imposible, señor. Estoy viviendo en el subsuelo.

LO TAPÓ EL AGUA

La mujer llega a la casa, muy cansada.

—Querido, tuve que venir caminando 50 cuadras. Se me ahogó el motor.

—Pero, hubieras esperado un poco y lo hacías arrancar de nuevo.

—Es que se me ahogó en el río.

TONTERÍA

Un hombre, indignado por una actitud de otro, le dice:

—Oiga, ¿qué clase de idiota cree que soy yo?

—¿Qué otras clases hay?

Cada vez que en su computadora decía: "Tienes correo", iba a la puerta a revisar el buzón.

¿Y, dónde está el piloto?

Humor de viajes, vacaciones y turistas

SERVICIO DE AEROPUERTO

Un hombre, en el mostrador de una aerolínea, está despachando su equipaje.

—Quiero que me manden la valija verde a Nueva York —le explica—. Estas dos más pequeñas a la ciudad de México. Los bolsos deportivos y el equipo de golf mándelos a Río de Janeiro... Ah, y el baúl a París.

—Discúlpeme, pero eso no es posible, señor.

—¿Cómo que no? ¡Si ya lo hicieron la última vez que viajé y, encima, sin mi permiso, desgraciado!

BÚSQUEDA INNECESARIA

Un turista corre desesperado hacia un policía en el centro de una gran ciudad.

—Agente, hace poco llegué a esta ciudad y acabo de perder a mi esposa. ¿Me ayudaría a buscarla?

—Sí, señor, dígame sus datos.

—Es bajita, algo flaca, de cara no es muy bonita, tiene las piernas chuecas y usa unos lentes de mucho aumento. Además, tiene el pelo hecho un desastre y se viste muy mal.

—Seré curioso: ¿por qué la busca?

SIN PIQUE

Un turista va de visita a unos lagos. Saca su caña de pescar y se acerca a la orilla en donde hay un lugareño tomando sol.

—Dígame, señor, ¿se puede pescar aquí?

—No, no se puede.

—¿Usted dice que sería delito sacar peces en este lugar?

—Delito, no; sería milagro.

TRAGEDIA

Dos pasajeros viajan en un avión sobre el océano. Uno de ellos mira hacia abajo y comenta:

—¿Te imaginas si este avión se cae en medio del océano? ¿Te imaginas qué podríamos hacer si quedamos flotando rodeados de tiburones y no tenemos para defendernos ni un cuchillo ni nada? Tú, ¿qué harías?

—Algo fácil: dejaría de imaginarme eso.

AVIACIÓN

En un aeropuerto. Se acerca un turista a un empleado de la pista.

—¿Ese avión es de carga o de pasajeros?

—De carga.

—¿Y qué carga?

—Pasajeros.

PREVISOR

Un alto ejecutivo debe hacer muchos viajes en avión durante el año. Ante el temor a sufrir un accidente, decide sacar un seguro de vida a nombre de su mujer.

—Mi amor, si me llegara a pasar algo, con este seguro podrás vivir el resto de tu vida sin sobresaltos económicos. Me sale carísimo, pero vale la pena.

La mujer, emocionada, lo abraza entre lágrimas.

—Gracias, mi vida, ojalá no hayas hecho un gasto inútil.

Doctor Zhivago

Humor de médicos y pacientes

CIRUGÍA MAYOR

Un hombre, padre de varios hijos, consulta a un cirujano sobre la manera de evitar seguir embarazando a su mujer.

—Es muy sencillo. Le extirpamos los dos testículos.

—¿En cuánto tiempo me haría la operación?

—Ya mismo —dice el médico, y llama a la enfermera—: ¡Preparen el quirófano para una operación de testículos!

Lo operan y el hombre vuelve a su casa. Luego de pasar un par de años de la intervención, ve que su mujer está embarazada. Muy enojado, vuelve a ver al cirujano.

—¡Doctor, la operación que me hizo no dio resultado! Mi mujer está embarazada de nuevo.

El médico, sin esperar nada, llama a la enfermera:

—¡Preparen el quirófano!

—¿Qué va a hacer, doctor? ¿Me va a cortar el pene también?

—No, hombre. Le vamos a cortar los cuernos.

POR LAS DUDAS

Visiblemente perturbado, un señor va al psicólogo.

—Doctor, estoy teniendo terribles tendencias al suicidio, ¿qué debo hacer?

—Para empezar, págueme por adelantado la consulta.

SEDENTARIO

El médico, luego de revisar al paciente, pregunta:

—¿Usted hace algún deporte?

—Sí, veo golf por la televisión.

—Pero, no, hombre, me refiero a algo que le movilice más los músculos.

—¿Le parece que vea tenis?

GRAVÍSIMO

Un médico, a la madrugada, recibe una llamada de un colega.

—Ernesto, somos tres médicos que estamos por jugar una partida de póker. ¿Puedes venir?

—¡Sí, salgo enseguida!

Mientras el médico se viste para salir, su mujer le pregunta.

—¿Te llamaron por algún caso grave?

—Muy grave. Figúrate que ya hay tres médicos en el lugar.

ALCOHOL

El médico, luego de examinar a un alcohólico, le dice:

—Todos sus problemas se deben a la bebida.

—Si es así, volveré cuando esté sobrio.

CONSEJO MÉDICO

El paciente al médico.

—Doctor, me ahogo al respirar.

—Pruebe no hacerlo.

MAL PRESAGIO

En el consultorio psiquiátrico.

—Doctor, tengo un sueño recurrente que me angustia.

—Cuénteme cómo es ese sueño.

—Sueño que hay una puerta con una inscripción enorme y yo la empujo para abrirla, y por más que empujo no logro que se abra. ¡Eso me angustia terriblemente, doctor!

—Cálmese y dígame: ¿qué está escrito en la puerta?

—"Tire".

TODO OÍDOS

Un anciano multimillonario, sordo como una tapia, va a un cirujano y este le realiza una operación milagrosa que le quita la sordera por completo. Al tiempo, vuelve al consultorio por una revisión de rutina.

—¿Qué tal el haber recuperado la capacidad de escuchar? Me imagino que su familia estará muy contenta.

—No, doctor, todavía no les dije que me operé y escucho bien. ¡Y usted viera la cantidad de veces que cambié el testamento!

Un paciente le fue a pedir a su médico que le cambiara los supositorios por gotas. Decía que los supositorios se le pegaban a los dientes.

DESPERTAR SORPRESIVO

Un paciente está siendo operado de urgencia. De pronto, se despierta de la anestesia.

—Doctor, ¿por qué hay tanta luz en el quirófano?

—Nada de doctor. Mi nombre es San Pedro…

SEGÚN RECETA

Un paciente llama a su médico.

—Doctor, sigo tan mal como antes.

—¿Siguió mis instrucciones?

—Al pie de la letra.

—¿Tomó la medicación?

—Por supuesto que no. Seguí sus instrucciones.

—¿Qué instrucciones?

—Mantener el medicamento en un lugar fresco y bien cerrado.

DOS HOMBRES MUY VIVOS

Un hombre va por primera vez a atenderse con un médico muy prestigioso y muy caro. Cuando llega al consultorio ve un cartel que dice: "Primera consulta, 400 dólares. Consultas siguientes, 100 dólares". Para ahorrarse 300 dólares, decide hacer como que ya estuvo otra vez.

—Hola, doctor —le dice—, aquí estoy de vuelta.

Le entrega los 100 dólares a la secretaria y entra a la salita. El médico lo revisa concienzudamente y luego le pide que vuelva a ponerse la ropa.

—¿Y, doctor? ¿Qué me encontró y qué me receta?

—Lo encuentro igual que la otra vez. Por lo tanto, continúe con la receta que le di en la anterior consulta.

QUITÁNDOSE AÑOS

Una mujer, muy mayor, va a un cirujano plástico.

—Doctor, le pagaré lo que sea, pero quiero volver a ser una mujer de 30 años. ¿Qué me recomienda?

—Le voy a recomendar a un señor que falsifica documentos.

DURACIÓN

El hombre mayor va a hacerse un control anual.

—¿Cómo encuentra mi corazón?

—Bastante mal. Pero, no se preocupe: mientras usted esté vivo va a funcionar.

IGUAL, IGUAL

Una mujer va a la consulta del médico cirujano.

—Doctor, mi marido tuvo un accidente y le quedó una pierna más corta que la otra. ¿Usted que haría en un caso así?

—Lo mismo que su esposo: cojearía.

Los cirujanos son los más parecido a un delincuente: usan cuchillos, se ponen máscaras para que no los reconozcan y guantes para no dejar huellas.

VIDA SANA

Dos amigos charlan en la calle.

—Desde que voy a un médico de primer nivel no fumo ni bebo ni salgo a trasnochar.

—¡Qué bien! ¿Y eso lo tienes que hacer toda la vida?

—No, hasta que le termine de pagar lo que le quedé debiendo.

SUGESTIÓN

Un hombre llama al dentista a la madrugada.

—Doctor, tengo un dolor de muelas insoportable. Tiene que atenderme ya.

—¡Son las tres de la madrugada! Venga mañana al consultorio.

—¡No, doctor, este dolor me está matando!

—Haga esto: mírese al espejo y dígase varias veces: "No tengo dolor de muelas, no tengo dolor de muelas...". Verá como en pocos minutos el dolor desaparece.

El hombre se va al baño, y comienza a decir: "No tengo dolor de muelas...". Al cabo de unos minutos, el dolor desaparece como por arte de magia. Contento, vuelve a su dormitorio. Cuando se va a acostar, mira a su mujer, se levanta y regresa al baño. Se mira al espejo, y dice:

—No tengo mujer, no tengo mujer, no tengo mujer...

IGNORADO

Un hombre va al psicólogo.

—Cuénteme —le dice el psicólogo—, ¿qué lo trae por aquí?

—Doctor, es terrible, pero me siento ignorado por todo el mundo…

—Cuénteme, ¿qué lo trae por aquí?

SUERTE DOBLE

Un hombre ingresa al quirófano con las dos piernas rotas en muchas partes. El cirujano le da ánimo.

—No se preocupe. Después de esta intervención, en un mes estará trabajando de nuevo.

—¡Qué suerte, doctor! ¡Encima de curarme voy a conseguir trabajo!

SALVADOR

Dos hombres hablan en un bar.

—A mí me salvó la vida el doctor Gutiérrez.

—¿En el quirófano?

—No, en un bar. Dijo: "Por favor, no le sigan pegando patadas a este tipo".

CONTAGIO

La mujer llega desesperada al médico.

—Doctor, anoche estuve tomando whisky en un bar con un grupo de desconocidos y tengo miedo de haber contraído una enfermedad de transmisión sexual.

—Por favor, señorita, tomar de un mismo vaso no trae ninguna enfermedad sexual.

—¡Es que tuve que hacer el amor con todos ellos para lograr que me convidaran con whisky!

CURA TOTAL

La mujer llega al psicólogo.

—Gracias, doctor, por curarme de la claustrofobia y de la agorafobia. ¿Podría también curarme de la fobia que le tengo a los hombres?

—Por supuesto. Sáquese la ropita.

Para tapar sus equivocaciones, los médicos les echan tierra.

DELIRIO

La mujer para en el pasillo al doctor que atiende a su esposo, quien se halla en un estado gravísimo.

—¿Cómo sigue, doctor?

—Hoy de mañana pidió hablar con su adorada esposa.

— Ah, sigue delirando...

GRAVEDAD

Un hombre en el consultorio médico.

—Doctor, mi problema es gravísimo. Ronco un poco cuando duermo.

—Todo el mundo ronca un poco. No es tan grave.

—Para mí sí que lo es. Ya me echaron de cinco empleos por esa causa.

EGO

En el psicólogo.

—Doctor, vengo para que me trate del complejo de superioridad que sufro.

—Veré que puedo hacer, mi amigo.

—No creo que un infeliz como usted pueda hacer mucho.

SÍ O NO

En el psicólogo, una chica se está analizando.

—Doctor, todas las semanas salgo con un hombre distinto, y cuando me invita a un hotel, yo siempre digo que sí. Pero, a la mañana siguiente, siento un terrible remordimiento…

—Bien, trataremos de trabajar sobre su personalidad para que pueda decir que no a cualquier propuesta.

—No, doctor, yo vengo para que me quite el remordimiento.

PROHIBIDO

Dos amigos se encuentran.

—Vengo de mi médico. Me ha quitado el whisky y los cigarrillos.

—¿Vienes del médico o de la aduana?

CANTIDAD

En la farmacia.

—Me da 70 preservativos.

—¿Por qué no se lleva una caja de 100?

—Oiga, ¿me tomó por un vicioso?

MEDICACIÓN EXCESIVA

Un hombre, en la farmacia.

—Necesito tres pastillas de Viagra.

—¿No le parece demasiado? —le pregunta el farmacéutico.

—Es que esta noche tengo un encuentro con tres chicas.

Al otro día el farmacéutico encuentra a ese mismo hombre caminando por la calle con un brazo enyesado. Intrigado, le pregunta:

—¿Qué le pasó anoche? ¿Fue una orgía tan violenta?

—Al contrario. Me fallaron las tres chicas.

SÍNTOMA

Un hombre concurre al consultorio médico.

—Cuénteme que lo trae por aquí —le dice el facultativo.

—Tengo una actividad sexual muy intensa. Hago el amor diez veces por día. ¿Eso es bueno o malo?

—Mire, no es ni bueno ni malo. ¡Es mentira!

TODO SUBE

Un viejito de 90 años consulta al médico.

—Doctor, a mi edad cada vez que me baño tengo una erección.

—¡Abuelo, eso no puede ser!

—Si quiere le hago una demostración en el baño de su consultorio.

El médico, intrigado, lo acompaña al baño, llenan la bañera de agua y el anciano se mete adentro.

—¿Ve, doctor? Enseguida tengo una erección y no baja.

—No, abuelo —le explica el médico—. No es una erección. Sólo flota.

A aquel médico le decían "Ciento Once", porque empezaba con uno, seguía con uno y terminaba con uno.

VIGOR Y FANFARRONERÍA

Un italiano está en la sala de partos esperando que su mujer dé a luz. Sale el doctor y le dice:

—Lo felicito. Su mujer ha dado a luz quintillizos.

—¡Lo sabía! ¡Lo que pasa, doctor, es que tengo un cañón! —exclama el italiano, con orgullo.

—A ver si limpia el cañón —le responde el médico—. ¡Los chicos le salieron negros!

SIN PROTECCIÓN

El médico ginecólogo le dice a la señora.

—El análisis dio positivo: ha quedado embarazada de nuevo.

—¿Otra vez?

—Señora, ¿su marido no toma precauciones?

—Mi marido, sí, pero los otros no.

LUGAR OCULTO

La hermosa muchacha va a la farmacia a ponerse una vacuna, y le pide al farmacéutico:

—Por favor, aplíquemela en un lugar que no se vea.

—Bueno —dice el farmacéutico, secreteando—, venga acá, atrás de la escalera.

La jaula de las locas

Humor sobre la sexualidad diferente

EN GUSTOS NO HAY NADA ESCRITO

Hablando con una vecina, una señora le comenta sobre su hijo gay:

—Mi hijo se puso de novio con un muchacho que le da todos los gustos.

—¿Es millonario?

—No, proctólogo.

CRASO ERROR

Dos gays son llevados de urgencia a la guardia de un hospital porque no pudieron separarse luego de hacer el amor. El médico que los atiende no logra entender qué pasa.

—Esto pasa porque él es un porfiado —dice uno de los gay con respecto al otro—. Yo le dije que el tubo era de pegamento rápido y él me porfiaba que era vaselina.

¿Por qué a las chicas les cuesta tanto conseguir un muchacho que sea lindo, cariñoso y sensible? Porque generalmente esos muchachos ya tienen novio.

SORPRESAS DE UNA SOR

Un hombre se sube a un autobús de larga distancia y observa que en los primeros asientos hay una monja joven y hermosa. No deja de mirarla durante todo el viaje, hasta que la religiosa se baja en una ruta, frente a un convento. El conductor del autobús lo observa por el espejo retrovisor.

—Es muy linda esa monja, ¿no? Lo vi cómo la miraba —le dice al pasajero.

—Es hermosa, sí. Pero, además, siempre tuve una fantasía erótica que nunca pude cumplir: hacer el amor con una monja.

—Bueno, si es así, le diré que tuvo suerte. Le voy a contar un secreto que conozco de ella: todas las tardes, cuando está bajando el sol, va a un descampado cerca del convento y se pone a rezar debajo de unos árboles. Me comentaron que sueña con que se le aparezca Jesús y le haga el amor.

—¿No me diga? —exclama el pasajero, alborozado—. ¡No sabe qué idea me dio!

Esa tarde, este hombre se aparece disfrazado, con una barba postiza y una toga de Mesías, en el descampado cerca del convento, tal como le dijo el conductor. Al rato ve que se acerca la monjita y que se pone a rezar fervorosamente. Él, para sorprenderla, va por detrás de ella, la toma de la cintura y le susurra:

—Tus plegarias han sido escuchadas. Vengo a poseerte.

—Oh, Señor, muchísimas gracias, pero has llegado en un día en el que no puedo hacer el amor. A menos que sea contranatura... —responde ella, con pudor.

—Está bien, hagámoslo como tú quieras.

Hacen el amor, y cuando terminan, el hombre deseoso de darse a conocer, se saca la barba postiza y le dice

—¡Sorpresa! ¡No soy Jesús, soy el hombre que viajó contigo en el autobús!

Entonces, la monja retira la cofia de su cabeza y contesta:

—¡Sorpresa! ¡No soy la monja, soy el conductor del autobús!

MADE IN CASA

En un bar gay, dos jóvenes están hablando:

—Te voy a contar un secreto: fue mi madre la que me ha hecho un homosexual.

De la mesa cercana se oye:

—¡Maravilloso! ¿Crees que pueda hacerme uno a mí?

ENTRENAMIENTO

Dos gays se encuentran.

—Discúlpame, pero tengo que ir al proctólogo.

—¿Estás enfermo?

—No, tengo ensayo.

DEBUTANTE

Un hombre ya maduro entra a un bar y va directamente a la barra.

—Por favor, sírvame seis whiskies dobles.

—¿Seis whiskies juntos? ¿Le pasó algo especial hoy?

—Sí, a mis 35 años experimenté mi primera fellatio —responde el hombre.

—¡Felicitaciones, hombre, al fin conoció lo que es bueno en el sexo! Permítame, en este caso, que el séptimo whisky se lo convide yo.

—No se ofenda, pero no pienso tomar siete. ¡Si con seis whiskies no logro quitarme el sabor de la boca, será inútil seguir tomando!

DELACIÓN

Se encuentran dos charros mexicanos. Uno de ellos viene con cara de pocos amigos.

—Oiga, compadre, a usted mismo quería encontrar.

—¿Qué le pasa que está enojado?

—Dígame: ¿usted anda diciendo en el pueblo que nos besamos?

—Nooo, hermanito. Yo jamás diría una cosa así. ¿Cómo se le ocurre que vaya a decir que dos machotes como nosotros nos besamos...?

El otro se toma la cabeza, y exclama:

—¡Ah, entonces nos vieron...!

LOOK

Un gay de larga cabellera enrulada va caminando por la calle. Un hombre lo mira, provocador, y le grita:

—Todos los maricones se dejan pelo largo y con rulos.

Y el gay le contesta:

—Si eso es cierto, ¿por qué te cortaste el pelo?

MALA Y BUENA

La mujer llega al hogar y encara a su marido.

—Querido, vengo del colegio de nuestro hijo y tengo dos noticias para darte. Una es mala y otra es buena.

—Dímelas.

—La mala es que es un hecho que nuestro hijo es homosexual.

—¡Oh, Dios! ¿Y la buena?

—Que lo nombraron Reina de la Primavera.

AMORES PELIGROSOS

Sale un gay del consultorio médico. En la sala de espera está su amigo.

—¿Qué te dijo el doctor?

—Que tengo piedras en el riñón y arenilla en la vejiga.

—¡Ay, Roberto, yo te dije que tenías que dejar a ese novio albañil!

AUTOMEDICACIÓN

Dos gays están conversando en un bar. A uno de ellos se lo nota enfermo.

—¡No sabés el dolor de estómago que tengo!

—¿Por qué no te pones un supositorio?

—¡Cómo eres! Te cuento que me siento mal y tú sólo piensas en la diversión...

CARTELERA SEMANAL

Un hombre cae preso por primera vez. Es su primer día, empieza a hacerle preguntas al primer prisionero que encuentra a mano.

—Dime ¿qué hacen en la prisión todo el día? ¿No se aburren?

—Para nada... Por ejemplo, ¿te gusta el básquetbol?

—Sí, me encanta.

—Entonces te van a gustar los días lunes, porque tenemos práctica de básquetbol —le comenta el preso, y sigue—: ¿Te gusta el fútbol?

—Claro que sí. ¡Es mi deporte preferido!

—Entonces te van a gustar los martes, porque tenemos campeonato de fútbol —vuelve a decirle. Y continúa—: Otra pregunta, ¿eres gay?

—No, ¿estás loco? ¿De dónde sacas que soy gay? ¡Soy bien hombre!

—Ah, lo lamento... Si no eres gay, me parece que no te van a gustar los miércoles...

Qué verde era mi valle

Humor del campo y pequeños pueblos

UNA BURRADA, MIRE...

Un hombre de la ciudad fue a instalarse al campo. Una vez allí, un viejo campesino le ofreció un burro por 100 pesos. El hombre le pagó, y el anciano acordó entregarle el animal al día siguiente.

Pero, cuando el hombre volvió, el campesino le dijo:

—Lo siento, pero tengo malas noticias. Se me murió el burro.

—Entonces, devuélvame mi dinero.

—No puedo. Ya me lo gasté.

—Si es así, quiero que me entregue el burro.

—¿Para qué lo quiere, si está muerto?

—No importa, lo voy a rifar.

—¡Está loco! ¿Quién le va a comprar una rifa de un burro muerto?

—No le vamos a decir a nadie que está muerto, ni usted ni yo.

Un tiempo después el viejo campesino se encontró con el hombre y le preguntó:

—¿Y qué pasó con la rifa del burro?

—Como le dijimos, lo rifé. Vendí mil números a un peso cada uno y me gané mil pesos.

—Pero, ¿nadie se quejó?

—Sólo el ganador. Pero a él le devolví un peso y listo.

LA SANA VIDA DE CAMPO

Un periodista llega a un pueblito para hacer un reportaje sobre la vida del lugar. Aborda a uno de los campesinos y le pide que le cuente algo anecdótico del lugar. El campesino comienza:

—Una vez se perdió en el monte una oveja de nuestros rebaños, y como es costumbre, nos reunimos todos los hombres del pueblo, bebimos varias botellas de vino y salimos juntos a buscarla. Cuando la encontramos, como es la costumbre, volvimos a beber y uno por uno tuvimos sexo con la oveja.

El periodista, sorprendido por el relato, lo interrumpe:

—Oiga, eso no puedo escribirlo. Este reportaje será leído por todo el mundo, es demasiado transgresor. Mejor cuénteme algo alegre de la región.

—Bien, una vez se perdió en el monte la mujer de un vecino, y como es costumbre, todos bebimos y salimos en su búsqueda. Al encontrarla, como es la costumbre, bebimos y cada uno tuvo sexo con ella.

El periodista volvió a sorprenderse, y con el fin de evadir ese tema le dijo al campesino:

—Mire, eso tampoco puedo escribirlo, es demasiado atrevido. Mejor cuénteme algo triste.

El campesino pensó un momento y enjugando una lágrima que bajaba por su mejilla, comenzó:

—Una vez yo me perdí en el monte…

GAUCHO TRANQUILO

Pasa un vecino frente al rancho de don Segundo.

—Buen día, don Segundo, ¿qué anda haciendo?

—Aquí me ve, tomando mate con mi perro.

—Vamos, don Segundo, ¿no me diga que su perro toma mate?

—Noooo... Él me lo alcanza, nomás.

MÉTODO DE REANIMACIÓN

Un médico, en su paso por una zona rural, fue llamado desde una casita perdida entre las sierras para que atendiera a una jovencita, una rubia preciosa de 21 años, que estaba en coma. Luego de revisarla, el médico llegó a la conclusión de que tenía una crisis histérica por falta de una buena relación sexual. El padre de la chica le pidió que él se hiciera cargo de hacerle el amor, dado que todos los demás eran familiares y no parecía correcto. El médico puso manos a la obra, le hizo el amor y la chica despertó. Los familiares, maravillados por ese acto casi de magia, lo despidieron muy agradecidos. Al tiempo, este médico pasó de nuevo cerca de esa casita, y por curiosidad se acercó a preguntar por su accidental paciente.

—Mi hija está muy bien desde que usted usó ese método, doctor —respondió el padre—. Pero con el abuelo no está dando el mismo resultado. Hace dos meses que estamos haciéndole lo mismo y no vuelve del coma...

CONSTRUCTOR DE CAMINOS

Cerca de un pueblito, una empresa está construyendo una ruta. Uno de los hombres del pueblo va todos los días a verlos trabajar. Luego que pasan varios días, el ingeniero a cargo de la obra se le acerca.

—Buenas tardes, soy el ingeniero de la empresa y veo que le interesa la construcción de la ruta.

—Sí, nunca vi construir una ruta de esta manera.

—¿Cómo la construyen en este pueblo?

—Nosotros soltamos un burro viejo y vemos qué camino elige. Siempre va a elegir un camino corto y seguro. Luego, construimos la ruta.

—¿Y si no tienen un burro viejo?

—Entonces llamamos a un ingeniero.

ESPANTAPÁJAROS

Comentan dos granjeros sobre la manera de espantar a los cuervos.

—Yo pongo espantapájaros por todo el campo y no dan resultado. Me siguen comiendo la cosecha.

—Yo encontré una fórmula infalible. A los espantapájaros les pongo en la cabeza una foto de mi suegra.

—¿Eso te da resultado?

—¡Y de qué manera! No sólo no me comieron la cosecha actual sino que me devolvieron la del año pasado.

COSECHA

Un campesino de Santiago del Estero, en la Argentina, está descansando bajo un árbol. Pasa un turista europeo, y al verlo en tal estado de abandono y conociendo la fama de poco afectos al trabajo de los santiagueños, se baja del automóvil y se acerca.

—Disculpe, por lo visto en este lugar nadie trabaja...

—Yo trabajo, señor. En la cosecha de los algarrobos.

—¿Qué son el algarrobos?

—Son esos árboles que ve allí enfrente. Crecen solos.

—¿Y cómo los cosecha?

—Cuando sus frutos están maduros, espero que venga un viento fuerte que los tire al suelo. Luego que quedan en el suelo, voy y los recojo.

—¿Y si un año no tiene vientos fuertes y no se caen los frutos?

—Ah, entonces ese año tenemos mala cosecha...

La tiendita del horror

Humor negro

A LOS TROPIEZOS

El hombre había estado bebiendo en el bar durante varias horas. A la hora de cerrar, el camarero le dijo que se retirara. Como pudo, trató de levantarse pero se cayó de cara al suelo. Probó de nuevo y volvió a caerse. Al ver que no lograba dar ni un paso, fue tomándose de las sillas y de las mesas para salir a la calle y respirar un poco de aire fresco, con la esperanza de despabilarse. En la vereda, volvió a tratar de levantarse y se dio un tremendo golpe. A pesar de la borrachera que tenía, se percató que la única manera de llegar hasta su casa era arrastrándose. Así lo fue haciendo, y luego de un cierto tiempo de arrastrarse, llegó, abrió la puerta tratando de no hacer ruido y se arrastró hasta el dormitorio. Una vez allí, se acostó con suavidad, evitando que su mujer lo viera en ese estado. Pero, a la mañana, su esposa lo despertó a los gritos.

—¡Anoche llegaste borracho!

—¿De dónde sacas eso? ¿Acaso me viste llegar?

—¡No te vi llegar, pero llamaron del bar diciendo que otra vez te olvidaste la silla de ruedas!

ABDUCIÓN JUSTA

El chico entra a la casa.

—¡Papá, papá, los extraterrestres son buenos o malos?

—¿Por qué lo preguntas?

—Porque acaba de bajar una nave espacial y se llevó a la abuela.

—Ah, entonces son buenos...

¿BACHILLER?

Luego de mucho tiempo, dos amigos se encuentran en un bar.

—¿Cómo está tu familia?

—Tengo un hijo en la facultad de Medicina.

—Qué bien... ¿En que año está?

—No sé, está en un frasco.

HUERFANITO

Un pollito miraba la vidriera de una casa de comidas para llevar. Se le acercó otro pollito.

—¿Qué estás haciendo aquí?

—Estoy esperando que mi mamá se baje de la rueda gigante...

NIÑO IMPRUDENTE

Dos heavies deciden encontrarse en una ruta y uno de ellos llega retrasado.

—¿Qué te pasó?

—No me hables, pisé un biberón y se me pinchó un neumático.

—¿Cómo no viste un biberón en plena ruta?

—No, el maldito bebé lo llevaba debajo de su mantita.

POCO CORAZÓN

Dos hombres discutían en un bar. Cuando la situación se puso violenta, uno le clavó una navaja al otro. Los demás parroquianos levantaron al herido y lo llevaron a la casa para curarlo. Unas horas después llegó el agresor a esa casa.

—Aunque estuviste muy mal al herirlo —le dice uno—, es un buen gesto de tu parte venir a visitarlo para saber cómo está y pedirle disculpas.

—No, yo no quiero pedirle disculpas. Vine para pedirle que me devuelva la navaja.

OBITUARIO

El hombre llega al diario para poner un aviso fúnebre.

—Cada palabra le sale un peso. Y el mínimo son cinco palabras.

—Quiero poner: "Murió mi suegra".

—Señor, el mínimo son cinco.

—Pero, es que yo no quiero poner más que eso.

—No le puedo tomar el aviso.

El hombre piensa un momento.

—Está bien. Ponga: "Murió mi suegra. Enseño solfeo".

CONSERVACIÓN

Un hombre, que había sido intervenido luego de un terrible accidente, se despierta de la anestesia y le pregunta al cirujano.

—Doctor, ¿pudo conservar mi mano?

—Por supuesto, amigo. Aquí la tiene, en formol.

PRECISIÓN

Pasa un cortejo fúnebre tan grande que llama la atención de los transeúntes. Uno de ellos se detiene a mirarlo y le pregunta a otro:

—¿Quién será el muerto?

—Creo que el que va en el ataúd.

SAPIENCIA

En un pueblo de Galicia están velando a un hombre. Uno de sus amigos se acerca al cajón para darle su último adiós. El hombre del cajón entreabre los ojos y con un hilo de voz le dice:

—Por favor, Manolo, sácame de aquí que estoy vivo...

Y el otro le responde:

—¡Cállate, hombre! ¿Vas a saber más tú que el médico...?

ESTADO CIVIL

Un hombre toca timbre en una casa. Sale la mujer.

—¿Vive aquí la viuda de Gutiérrez?

—Yo soy la señora de Gutiérrez, pero no soy viuda.

—Espere a ver lo que traemos en ese cajón...

Una Eva y dos Adanes

Humor sobre la religión y los personajes mitológicos

BUENO PARA TODO

En la última cena, Jesús, rodeado de sus discípulos, dice:

—Judas, ve a traer la comida.

Judas se levanta y trae a cada uno los platos con la comida. Al rato, Jesús vuelve a decir:

—Judas, tráenos el pan.

Judas vuelve a levantarse y trae pan para todos.

—Ah, me había olvidado: Judas, tráenos el vino —indica el Mesías.

Judas viene con el vino y lo distribuye. Luego se ponen a comer y al final de la cena, Jesús habla:

—Mis discípulos, les voy a decir algo muy importante: uno de ustedes me va a traicionar…

—¿Quién lo hará, maestro? —preguntan todos.

—¡Lo hará Judas! —responde Jesús.

Entonces, Judas se levanta violentamente y grita:

—¡Todo yo! ¡Todo yo!

Un hindú creía en la reencarnación. Por eso en su testamento legó todos sus bienes a sí mismo.

¿SABE USTED DE QUÉ NACIONALIDAD ERA JESÚS?

Pudo haber sido judío, porque:

Trabajó en el negocio de su padre, vivió con su madre hasta los 33 años, y estaba seguro que su madre era virgen, y su madre estaba segura de que él era Dios.

Pero, pudo haber sido irlandés, porque:

Nunca se casó, nunca mantuvo un trabajo estable, y su último deseo fue un trago.

Aunque, también pudo haber sido puertorriqueño, porque:

Su primer nombre era Jesús, siempre tenía problemas con la ley, y su madre no sabía bien quién era su padre.

Sin embargo, pudo haber sido italiano, porque:

Tenía amigas prostitutas, tomaba vino en todas las comidas, y trabajó un tiempo en el ramo de la construcción.

Quizá pudo haber sido californiano, porque:

Nunca se cortaba el pelo, andaba descalzo, e inventó una nueva religión.

O, tal vez pudo haber sido argentino, porque:

Hablaba todo el tiempo, las mujeres lo encontraban seductor, y se creía Dios.

MANCHAS

Entra una joven pelirroja a la iglesia y va al confesionario. El cura comienza a preguntarle:

—Hija, ¿tienes novio?

—Sí, padre.

—¿Se ven a solas?

—Sí, padre.

El sacerdote piensa unos segundos y vuelve a preguntar:

—Dime, hija, ¿pecas?

—Sí, padre, por atrás y por adelante...

PECADOR DE PRIMERA

Un hombre de vida muy disipada se siente morir y, como un arrepentido de último momento, decide llamar a un sacerdote.

—Hijo mío, ¿qué pecados has cometido?

—Padre, me he pasado la mitad de mi vida en casas de juego, fiestas, orgías con mujeres y largas borracheras.

—A pesar de todo eso, todavía te puedes salvar si me cuentas qué hiciste la otra mitad de tu vida.

—La otra mitad la desperdicié, padre.

¿Por qué los judíos se circuncidan? Porque las judías piden un 10% de descuento en todo.

CONFESIÓN A MEDIAS

Una jovencita muy hermosa se confiesa.

—Padre, creo que cometí pecado.

—Cuéntame, hija...

—Estaba con mi novio en mi casa, solos, porque mi madre había salido de compras, y él aprovechó para besarme con pasión.

—¿Eso es todo?

—No, enseguida me tocó los senos y luego me desprendió la blusa.

—Continúa.

—Me levantó la falda, puso sus manos sobre mis muslos y comenzó bajarme la ropa interior.

—¿Y luego?

—Luego me quitó el corpiño y comenzó a besarme en todo el cuerpo.

—¿Y después?

—Y después trató de acostarme en el sofá, pero en ese momento regresó imprevistamente mi madre y tuvimos que vestirnos de apuro.

El cura se toma la cabeza.

—¡Ah, pero qué vieja entrometida!

¿CON QUÉ NOMBRE PIENSAS BAUTIZARLO?
ZAPALLO TIGRE CATORCE.
¡QUÉ RIDÍCULO! ESE NOMBRE ES POCO CRISTIANO.
¿AH, SÍ? ¿ACASO NO HAY UN PAPA LEÓN TRECE?

EL CIELO DE FIESTA

Un Papa, muy bueno y muy santo, se muere y va directamente al Paraíso. Llega al gran portal de San Pedro y golpea.

—¿Quién es? —pregunta San Pedro desde adentro.

—Su Santidad.

Al escuchar esto, Pedro se sobresalta.

—¡Vamos, rápido, recojan todas las botellas de vino! ¡Ustedes, escondan los platos con los restos de comida! ¡Apaguen la música, guarden las lámparas de colores! ¡Que las mujeres se vuelvan a poner las túnicas! ¡Rápido, rápido!

Todo el mundo va y viene tratando de dejar prolijo el lugar para recibir al visitante. Como demoran en abrir, el Santo Padre golpea de nuevo.

—¿Quién es? —vuelve a preguntar Pedro para ganar tiempo.

—Ya les dije: Su Santidad.

—¿Su Santidad? ¡Oh, disculpe usted que lo hice esperar! Entendí que había dicho Salubridad...

MENTIROSO

Llega un hombre al infierno y lo recibe el Diablo.

—Estás condenado a quedarte en el Infierno por toda la eternidad.

—No hay problema, con las mujeres que hay aquí la voy a pasar bien.

—Aquí no hay mujeres.

—¿Ah, no? Me vas a decir que esos cuernos los compraste en un supermercado...

MARCA REGISTRADA

En un baño público hay dos hombres orinando. Uno lo mira y le pregunta:

—Disculpe, ¿usted es judío?

—Sí.

—Vivió en Varsovia.

—Es verdad. ¿Cómo lo sabe?

—Y iba al templo del rabino Abraham Goldberg.

—Es cierto. ¿Cómo puede saber todo eso?

—Es que el rabino Goldberg es el único que hace circuncisiones cortando en ángulo. ¡Y usted me está orinando el zapato!

USTED NO OPINA

Durante la ceremonia de una boda, el cura dice las consabidas palabras:

—Si hay alguien que tenga un motivo para que esta boda no se celebre, que hable ahora o calle para siempre.

—¡Yo me opongo! —dice uno.

—Cállese, usted es el novio.

VIEJOS RECUERDOS

Como todos los años, para diciembre, en el Cielo conmemoraban el nacimiento de Jesús. San Pedro, el maestro de ceremonias, fue anunciando:

—Ahora presentaremos a la Santísima Trinidad. Con ustedes, el Padre...

Un aplauso cerrado se sintió cuando apareció un viejo de gran porte y barba muy blanca.

—Con ustedes, el Hijo... —nuevo aplauso a la entrada de un hermoso niño.

—Y ahora, el Espíritu Santo —dijo Pedro mientras una paloma blanca hacía irrupción con su vuelo. De pronto, le pasa cerca una piedra que venía desde el público. Todos se dan vuelta y ven a San José con una honda dispuesto a lanzar otra piedra.

—¿Qué haces, José? —le pregunta Pedro.

—Bueno, es que hay cosas que no se olvidan...

INFIERNO BENIGNO

El Diablo, como recibe tanta cantidad de almas, decidió dividir el Infierno y puso un diablo gerente de cada país del mundo para que lo administrara.

Luego de esta reforma, cae un alma condenada.

—¿A dónde me toca ir?

—Usted puede elegir. Recorra el Infierno y quédese donde quiera.

Este sale a recorrer y va al sector inglés.

—¿Qué castigo recibiría aquí?

—Lo ponemos en una cama de clavos conectada a la electricidad de 6000 voltios y el diablo inglés le da latigazos.

—¡Oh, no, aquí no me quedo! —dice y va a buscar otro sector de castigos más suaves.

Pero, en todos los lugares el castigo es el mismo. Cuando llega al sector argentino, se sorprende al ver una enorme fila para entrar. Se acerca y le pregunta a uno de los que esperan.

—¿Por qué todos quieren venir al sector argentino?

—Porque en este lugar la pasamos de primera.

—¿Qué castigos dan?

—Nos ponen en una cama de clavos conectada a la electricidad de 6.000 voltios y el diablo argentino nos da latigazos.

—Pero, ¡eso es lo mismo que hacen en todos los sectores…!

—Sí, pero el sistema eléctrico que hay aquí está descompuesto, los clavos de la cama se los robaron y el diablo argentino viene, marca tarjeta, revisa sus e-mails y se va.

PEQUEÑA TRAMPA

Un joven bromista visita a un medium famoso y le pide hablar con su abuelo. El medium se pone en trance y, con voz de muy anciano, dice:

—Nieto mío, estoy aquí, en el Cielo, entre nubes y ángeles… ¿Qué me quieres preguntar?

—Una sola cosa, abuelo: ¿qué haces en el Cielo si todavía no te has muerto?

SIN EXCEPCIÓN

Unos delincuentes desaforados entran a un convento gritando:

—¡Vamos a violar a todas las monjas de este convento! ¡A todas!

Todas las religiosas tiemblan de miedo, menos una de ellas que, valientemente, se enfrenta a los marginales.

—¡Con nosotras hagan lo que quieran, pero a la Madre Superiora no la toquen! ¡A ella no le hagan nada!

La Madre Superiora la detiene, tomándola fuerte de un brazo, y le dice:

—No, hermanita, no se meta. Dijeron: ¡a todas!

UNA ETERNIDAD

Un hombre se muere, llega al Cielo y lo recibe Dios. Este mira en el libro y le dice:

—Hay un error. Tú no deberías estar muerto ahora, sino dentro de treinta años. Así que vas a tener que volver a la Tierra y regresa en ese plazo al Cielo, ya que te has portado bien.

—¡Qué suerte! —dice el hombre—. Pero, ¿te acordarás que me porté bien dentro de treinta años?

—Por supuesto, para mí el tiempo y la riqueza no son nada. Mil años es un segundo y un millón de dólares es un centavo.

—Bueno, ya que eso es así y tengo que volver a la Tierra, ¿me podrías regalar un millón de dólares?

—Sí, como no. En un par de segundos te los doy.

LAS DOS MONEDAS

El hijo del escocés va a la iglesia y luego a divertirse con sus amigos.

—Toma, hijo, una moneda para que te compres lo que quieras, y otra para la ofrenda en la iglesia.

Sale el chico haciendo saltar en su mano las dos monedas, cuando una se le cae, rueda hacia una alcantarilla y se pierde.

—¡Qué pena! ¡Justo se me vino a caer la moneda de la ofrenda!

GRAN SUSTO

Una monja va al médico porque padece de hipo hace varios días. El doctor, muy de pueblo, sabía que un susto le quitaría el hipo, por lo tanto le dice:

—Hermana, lamento decirle que usted está embarazada.

La monja se pone pálida y sale disparada del consultorio. Al rato viene la madre superiora.

—¡Doctor, que ha hecho! ¡Le dijo a la hermana Inés que estaba embarazada!

—Es mentira, hermana superiora. Lo hice para darle un susto y que se le fuera el hipo.

—¡El susto se lo dio al padre Ramón, que acaba de lanzarse desde el campanario!

MUERTE MÍSTICA

Un viejo pastor, a punto de morirse, llama a su lecho a un abogado y a un político. Extrañados, los dos hombres van a verlo, ya que el religioso tenía mucho predicamento en el pueblo.

—Señor —dice el abogado—, ¿por qué quiere que estemos a su lado en sus últimos instantes?

—Porque quiero morir como Jesús: rodeado por dos ladrones.

SERMÓN ORIGINAL

Un cura joven, recién egresado, tiene que dar su primer sermón. Como se encuentra un poco nervioso, le preguntó al monseñor qué podría hacer para calmarse un poco.

—Antes de la misa, toma un vaso de agua con un chorro de vodka. Así te sentirás más relajado al subir al púlpito.

El curita puso en práctica el consejo y subió a dar el sermón sintiéndose seguro y maravillosamente bien. Pero, al regresar a la rectoría, encontró un papel con un mensaje del monseñor, que decía:

Querido padre, quiero puntualizarle algunos errores.

1. Debió ponerle vodka al vaso de agua y no agua al vaso de vodka.

2. Existen diez mandamientos, no doce.

3. Fueron doce los discípulos, no diez.

4. Cuando se refiera a la cruz no diga más "aquella T grandota".

5. No debemos nombrar a nuestro Salvador Jesucristo y sus apóstoles como "JC y la banda".

6. David derrotó a Goliat pero nunca le pateó el culo.

7. El Papa es sagrado, no castrado. Y no nos referimos a él como "el Padrino".

8. Judas cometió una traición, no "hizo una cagada".

9. El Padre, el Hijo y el Espíritu Santo no son "el Papi, el Junior y el Aparecido".

DESEOS IMPOSIBLES

Una joven mujer va caminando por una playa solitaria. De pronto ve una vieja lámpara casi enterrada por completo. La levanta y cuando la frota para limpiarle la arena, sale un genio de su interior.

—¡Qué suerte, un genio que me va a conceder tres deseos! —exclama la joven.

—Soy un genio, pero sólo concedo un deseo. Piensa uno y se hará realidad.

La mujer piensa un instante, y dado que era de buen corazón, pide:

—Quiero que se termine la guerra en Medio Oriente.

—¿Qué es eso? —pregunta el genio.

—Medio Oriente, Palestina, Israel, Siria, Líbano... ¿No conoce? —contesta. Enseguida saca una libreta y un lápiz, y le hace un croquis del mapa del lugar.

—Ah, no, ya sé de qué me hablas. Ese deseo es imposible, hace miles de años que pelean y no creo que dejen de hacerlo. Yo soy genio, pero no puedo hacer tanto. Mejor, elige otro deseo.

La mujer vuelve a pensar un rato.

—Ya sé: quiero que me consigas un hombre para casarme.

—¿Ves? Ese es un deseo lógico y factible.

—Pero, con algunas condiciones: quiero que sea honesto, trabajador, lindo, elegante, que no tenga vicios, que sea fiel, que no coma como un cerdo, que no se vaya al bar con los amigos, que regrese temprano a casa, que sea gentil conmigo, que me trate bien, que me escuche cuando le hablo, que se interese por mis problemas, que me ayude en las tareas de la casa y que cuide de los hijos como yo lo haría.

El genio cavila un segundo. Al instante dice:

—A ver ese mapa que hiciste del Medio Oriente…

HACIENDO DEVOTOS

Un cura y un camionero mueren el mismo día. Pero, el cura va al Purgatorio mientras que el camionero va directamente al Cielo. El cura, enojado, le protesta a San Pedro y este le contesta:

—El Cielo se le otorga al que hizo más en favor de nuestra religión. Cuando tú dabas los sermones todo el mundo se dormía. En cambio, cuando el camionero manejaba todo el mundo rezaba.

¿Quo vadis?

Incógnitas existenciales

Si un ornitólogo se enoja, ¿se le vuelan los pájaros?

¿El que se acuesta insolado se levanta alunado?

¿Un peso de conciencia de un inglés, a cuántas libras equivale?

¿Cómo saben los oídos sordos que las palabras que no escuchan son necias?

¿Los profesores de aerobic ganan su pan con el sudor de tu frente?

Si la función hace al órgano, ¿para qué están los luthiers que hacen órganos?

¿Se puede considerar al acto sexual como una situación embarazosa?

¿Un esquizofrénico paranoico tiene miedo de estar persiguiéndose?

¿Los buzos hacen un trabajo seguro porque andan con pies de plomo?

¿Cuántos centímetros miden las altas horas de la noche?

¿Un golpe de suerte deja marcas?

¿Los cardiólogos pobres hacen de tripas corazón?

¿Los banqueros proteccionistas de la fauna guardan su dinero en las islas Caimán?

¿Por qué las bailarinas de ballet andan en puntas de pie? ¿No sería mejor contratar bailarinas más altas?

¿Cada muerte de obispo hay un velorio?

Si es cierto que no existe la amistad entre el hombre y la mujer, ¿cómo hacen las parejas para conocerse?

¿Para curarse en salud hay que medicarse placebos?

¿Por qué los cementerios tiene muros tan altos, si los que están adentro no pueden salir y los que están afuera no quieren entrar?

¿Los Ángeles de Charlie están canonizados?

¿Los poetas mediocres hacen malversación de su trabajo?

¿Los cocineros jubilados tienen prohibido volver a las fuentes?

¿Por qué nos dicen que somos espirituales cuando le hablamos a Dios y nos dicen que estamos locos cuando es Dios quien nos habla?

¿Qué cuentan las ovejas cuando se van a dormir?

¿Los aviadores que se portan mal igual van al Cielo?

¿Por qué no hay campañas para recuperar a los círculos viciosos?

¿Hacia dónde corren las horas? ¿Hacia el lugar donde vuela el tiempo?

¿Cómo no quieren que tres tigres estén tristes si le dan a comer sólo tres platos de trigo?

¿Si los infantes disfrutan de la infancia, los adultos deberían disfrutar del adulterio?

¿Una idea peregrina va a la Meca o a Jerusalén?

¿A los farmacéuticos les dan de su propia medicina?

Crónica familiar

Humor sobre las relaciones familiares

VELOCIDAD MÁXIMA

Dos hombres van en un automóvil por una ruta de montaña:

—¡No corras tanto, que en cada curva cierro los ojos de miedo!

—¿Tú también?

PELIGRO DE GOL

Un hincha entra a la tribuna repleta de un estadio de fútbol acompañado por su mujer en avanzado estado de gravidez. Se va haciendo paso como puede entre la multitud, incomodando a todos.

—Por favor, permítanme pasar que mi señora está embarazada. Usted, córrase, deje lugar a mi señora. Por favor, deme el asiento para mi señora...

Uno de los asistentes, enojado por las molestias que ocasionaba el hombre con su mujer, le grita:

—¿Si tu mujer está embarazada, por qué no la dejas en tu casa y vienes solo?

—¡Justamente, porque la dejaba en mi casa es que está embarazada...!

HORA DE FORMALIZAR

Un hombre y una mujer comienzan a frecuentarse. Ella va a la casa de él; él va a la casa de ella. Duermen juntos muy seguido, ella cocina para los dos, le limpia la casa a él, se cuidan cuando uno de los dos está enfermo. Un día, la mujer le dice al hombre:

—Creo que ya es hora de que nos casemos.

—Puede ser, pero, ¿quién va a querer casarse con nosotros?

MISERIA TOTAL

Se encuentran dos amigos que hacía mucho tiempo no se veían. Uno de ellos tiene la ropa raída y una flacura espantosa.

—¿Cómo estás, Joaquín?

—Mal, muy mal. No tengo trabajo desde hace dos años…

—Oh, cuánto lo lamento. Vamos, te invito con un café mientras charlamos.

—Por favor, no te lo tomes a mal, mejor charlemos en una plaza y dame el dinero del café…

POCA VELOCIDAD

El marido entra con el rostro desencajado.
—¿Qué te pasó, querido?
—Al entrar con el auto casi atropello a tu mamá.
—¿Te fallaron los frenos?
—No, el acelerador.

PEREZA

Dos vagos empedernidos, padre e hijo, están acostados en los sillones de la sala tomando cerveza y mirando la televisión.
—Hijo, ¿por qué no sales a ver si llueve?
—No, papá, mejor llamemos al perro para ver si entra mojado...

POBREZA EXTREMA

La mujer entra a la casa y habla con su marido.
—Querido, tenemos que comprar un auto un poco más nuevo.
—¿Acaso el nuestro es viejo?
—Fíjate si será viejo que recién saqué la mano para doblar y me dieron una limosna...

Una mujer tiene siempre la última palabra en una discusión. Cualquier cosa que el hombre diga después de eso es el comienzo de una nueva discusión.

TODA PRECAUCIÓN ES POCA

El padre está nervioso porque su hija tarda mucho en despedirse de su novio en el jardín.

—Querida, ve a decirle a ese joven que se marche en quince minutos, no más.

—Pero, mi amor, acuérdate cuando nosotros éramos novios…

—Ah, tienes razón… ¡Dile que se vaya ya!

SIEMPRE A SU LADO

Un hombre, en el sanatorio, aquejado por una enfermedad terminal y ya en los últimos instantes de su vida, le dice a su esposa.

—Me acuerdo, querida, cuando en el '81 me asaltaron y me golpearon, y tú estabas a mi lado. Y en el '85, cuando me atropelló el automóvil, tú estabas a mi lado. Cuando quebró el banco y perdí todos mis ahorros, siempre estuviste a mi lado. ¿Te acuerdas cuando me despidieron del trabajo? Tú estabas a mi lado. Y ahora, desde hace años comencé con esta enfermedad, y tú nunca te apartaste de mi lado. ¿Sabes una cosa, mi vida?

—¿Qué, mi amor?

—Creo que me traes mala suerte.

DE CAZA

Un cazador prepara un safari al África acompañado de su suegra.

—¿No será mucha responsabilidad de tu parte? —le pregunta un amigo—. Imagínate: si tu suegra se enfrenta con un león, ¿qué harías?

—Nada. Que se arregle él solo.

NO HAY PELIGRO

Un matrimonio está paseando con la mamá de ella por un parque zoológico. La madre se acerca demasiado a la jaula de los leones.

—Mamá, por favor, no te acerques a la jaula de los leones.

—No te preocupes —le dice su marido—, no creo que tu mamá les quiera hacer daño.

CORRE POR TU VIDA

Dos montañistas distinguen entre los pinos a un enorme oso. Los dos hombres emprenden una huida, pero el oso los ve y comienza a perseguirlos. El oso cada vez está más cerca de los desesperados montañistas.

—Es inútil —dice uno, mientras corre—, por más que corras no le podrás ganar al oso.

—Al oso no —contesta el otro sin dejar de correr a toda velocidad—, pero a ti, sí.

MALA HORA

La mujer le comenta al marido.

—¿Sabes que se cayó el reloj de pared de la sala y por unos segundos no le partió la cabeza a mi mamá?

—¿Cuántas veces te dije que había que cambiar ese reloj porque atrasaba?

DIFERENCIA

Un hombre ve pasearse a un amigo junto a una mujer muy fea. Al otro día lo encuentra.

—Dime, ¿cómo puedes salir con una mujer tan fea?

—Es que ella tiene algo que no tienen las demás mujeres.

—¿Qué es lo que tiene?

—Ganas de salir conmigo.

BUENA O MALA SUERTE

Dos amigos están en el bar contemplando un billete de lotería que habían comprado.

—¿Qué hacemos si ganamos?

—¡Champagne y mujeres, viejo!

—¿Y si no ganamos?

—Agua mineral y nuestras esposas.

DESEO PROFUNDO

En medio del desierto un genio se le aparece a un explorador.

—Pídeme lo que desees y te lo concederé. Pero, eso sí, de lo que tú me pidas tu suegra tendrá el doble.

El hombre piensa unos minutos y al final dice:

—Quiero un millón de dólares y que me den una paliza que me deje medio muerto.

CHARLA

Una amiga le dice a la otra:

—Es inútil, pero Juana y Beatriz no se entienden.

—¿No probaron hablar una por vez?

COMO CASADOS

En un tren de larga distancia coinciden un hombre y una joven mujer en un compartimiento con dos literas. Al principio se sienten cohibidos, pero ya entrada la noche deciden acostarse, la mujer en la litera de arriba y el hombre en la de abajo. Al llegar las horas de la madrugada comienza el frío y el hombre se despierta.

—Por favor, señorita, disculpe que la despierte, pero hace mucho frío —le dice el hombre asomándose desde su litera—. ¿Se podría fijar si cerca de su cama hay algunas mantas?

A su vez, la mujer se asoma y acompañando la respuesta con un guiño, le dice:

—Ya que siente tanto frío, ¿qué le parece si imaginamos, sólo por esta noche, que estamos casados?

Al escuchar esto, el hombre esboza una sonrisa y le aparece un brillo pícaro en los ojos.

—¡Me parece maravilloso! ¡Imaginemos que estamos casados!

—Bueno, si estás de acuerdo, hagámoslo —dice la mujer. Y acercando un poco más su cabeza hacia el hombre, le grita—: ¡Ve tú mismo, imbécil, y deja de molestar, que tengo sueño!

Una mujer se preocupa por el futuro hasta que encuentra marido. Un hombre nunca se preocupa por el futuro hasta que encuentra mujer.

SECUESTRO BACANAL

Después de una semana de ausencia, el marido regresa a la casa:

—¿Se puede saber de dónde vienes después de tantos días sin aparecer? —le pregunta su mujer, indignada.

—Me secuestraron los marcianos.

—Pero, ¿te crees qué yo soy idiota? Estuviste borracho, de juerga por ahí...

—¡Escúchame: no me vengas a hacer problemas! Una de las marcianas me dijo que si te ponías loca, venían a secuestrarme de nuevo...

COMPARTIENDO TODO

El ejecutivo llega a su casa con cara de preocupación.

—¿Qué te sucede, querido? —pregunta su mujer.

—Tengo un problema en el trabajo.

—No digas: "Tengo". Di: "Tenemos". Porque todo lo tuyo también es mío.

—Bueno, tenemos un problema.

—¿Dime cuál es?

—Que nuestra secretaria va a tener un hijo nuestro...

El hombre, antes de casarse, es un hombre incompleto. Cuando se casa es un hombre acabado.

SUELDO DIVERTIDO

Dos empleados conversan.

—A mi sueldo le gusta la diversión, la noche, las copas…

—¿Cómo se te ocurre pensar algo tan disparatado de tu sueldo?

—Es que cuando lo cobro siempre se queda un algún cabaret.

NOTICIA FUNESTA

La esposa llega del sanatorio donde su madre está internada en terapia intensiva.

—¿Cómo sigue tu mamá? —pregunta el esposo.

—El médico me dijo que tenemos que prepararnos para lo peor...

El marido la mira con los ojos desorbitados y exclama:

—¡¿No me digas que está mejorando?!

MANUAL DEL BOY SCOUT

Dos jóvenes de un campamento juvenil caminan solos por el bosque. De pronto, se encuentran con un oso.

—¡No te asustes! —le dice uno al otro—. ¡Acuérdate de lo que leímos en el libro del coordinador para mantenerlo a raya!

—¿Y qué seguridad tenemos de que el oso también lo leyó?

Para ser feliz con un hombre, tienes que entenderlo mucho y quererlo un poquito.
Para ser feliz con una mujer, tienes que quererla un montón y no intentar entenderla.

INSOLVENTE TOTAL

Una chica habla con su padre millonario.

—Papi, conocí anoche en una discoteca a un chico divino que se enamoró perdidamente de mí y quiere casarse ya mismo. ¿Tú lo aceptarías?

—Bueno, hija, eso depende de la situación económica de ese chico…

—Él me dijo que su situación económica va a depender de tu respuesta, papá.

POLVO ERES...

El marido llega a la casa y encara a su mujer que se la pasa todo el día viendo televisión.

—¿Es cierto, querida, que al morir nos convertimos en polvo? —pregunta.

—Sí, eso es verdad.

—Bueno, fíjate que arriba de la mesa del comedor hay, por lo menos, tres cadáveres.

RAZONES DE PESO

La novia le insiste al novio para que fije fecha de boda, pero él le da largas al asunto. Al final, ella lo encara con decisión:

—Dame una sola razón por la cual no te puedes casar conmigo.

—Si quieres te doy cinco: mi mujer y mis cuatro hijos...

Aritmética del romance
Hombre inteligente más mujer inteligente = romance.
Hombre inteligente más mujer tonta = aventura.
Hombre tonto más mujer inteligente = matrimonio.
Hombre tonto más mujer tonta = embarazo.

Matemáticas de las compras
Un hombre pagará $2,83 por un objeto de $1,83 que necesita. Una mujer pagará $1,83 por un objeto de $2,83 que no necesita.

AL MEJOR POSTOR

Un señor le pregunta a su mejor amigo.

—Si yo te quisiera vender a mi mujer, ¿cuánta plata me darías?

—¿Por tu mujer? Nada.

—Buen precio. ¡Vendida!

LLEGANDO AL DISCO

Un hombre, muy amargado, le cuenta a un amigo:

—Mi mujer me engaña.

—¿Con quién?

—Con un caballo.

—¿Y cómo sabes?

—El otro día encontré un jockey en el ropero…

UNA PINTURITA

Habla el yerno con su madre política.
—Suegrita, ¿qué soy yo para usted?
—Un cuadro de Leonardo da Vinci.
—¿Una obra de arte?
—No, me encantaría verte colgado.

VIAJE DE PLACER

El marido planifica con su señora.

—Cuando cumplamos nuestras bodas de plata te voy a llevar a la isla del Caribe que más te guste, no me importa el dinero que cueste.

—Ay, querido, si eso piensas hacer con las bodas de plata, ¿qué vas a hacer cuando cumplamos las de oro?

—Te voy a buscar...

POCO AMIGABLE

El joven regresa de visitar por primera vez la casa de su novia. Se encuentra con un amigo.

—¿Cómo te fue en la casa de tu novia?

—Muy bien. Me congracié con mis suegros, con mis cuñados, con las tías.

—Ah, todos te recibieron bien.

—No todos. Al único que no le caí bien fue a su novio.

AMOR INSOMNE

La madre le comenta al padre:

—Querido, el nene no desayuna pensando en la novia, no almuerza pensando en ella, no merienda pensando en ella y ni cena pensando en ella... Y, además, no duerme nada.

—Ah, no, eso ya es una locura. Dormir, tiene que dormir —dice el padre, severo.

—¿Y cómo quieres que duerma con el hambre que tiene?

DESEO LEJANO

El marido le dice a su mujer:

—Me gustaría que tu mamá fuera una estrella

—¿Para que sea famosa?

—No, para tenerla a cien años luz de acá...

SIN FINAL

En la feria, una mujer le dice a otra:

—Mi marido es un hombre de principios.

—¿Por su ética y su moral?

—No, ¡porque jamás termina nada!

Ese hombre tenía una amante tan fea que todo el mundo creía que era su esposa.

SÓLO POR ESO

La mujer, cansada de que el marido no la entienda ni vea en ella a un ser humano, le dice:

—Al final, tú te casaste conmigo porque sólo te interesaba una cosa...

—¿Qué cosa? —pregunta el marido, desesperado—. ¡Por favor, dime qué cosa era...!

APOSTADO

La mujer recrimina a su esposo la pasión por el juego.

—Querido, estás volviéndote un jugador compulsivo...

—¡Diez pesos a que no!

BOCA CERRADA

Dos amigos se encuentran después de mucho tiempo sin verse.

—¿Así que te casaste? ¿Cómo te va en el matrimonio?

—No me puedo quejar.

—¿Te va muy bien?

—No, no me puedo quejar. Mi mujer no me deja.

DUDAS

La madre le dice al padre.

—Querido, creo que ya es hora de que le hables del asunto del sexo a tu hijo.

—Yo lo he hecho.

—¡Qué bien! ¿Y cómo fue?

—Genial. Se me aclararon muchas dudas.

Los hombres casados viven más que los solteros, pero están mucho más dispuestos a morir.

CADA COSA EN SU LUGAR

El multimillonario llega de improviso a la casa y encuentra a la mujer desnuda en la cama.

Cuando abre el placard para guardar su abrigo y ve a un hombre, también desnudo, monta en cólera:

—¡¿No te tengo dicho que a tus amantes los pongas en tu placard?!

CONFIESO QUE HE VIVIDO

Una joven mujer habla con sus amigas.

—Estoy muy enamorada de mi actual novio y por eso decidí contarle todo acerca de mis romances anteriores.

—¡Qué coraje! —dice una.

—¡Qué honestidad! —dice otra.

—¡Qué memoria! —dice la tercera.

IMPRESENTABLE

Un hombre, vestido con andrajos, está pidiendo limosna. Pasa un señor, y el limosnero lo encara:

—Por favor, ¿podría darme doscientos dólares para tomar un café?

—¡Qué locura! ¿Para tomar un café necesita doscientos dólares?

—Por supuesto. Fíjese que no voy a entrar al bar con esta ropa.

AMOR SIN PALABRAS

Un muchacho, poco favorecido por la naturaleza, está enamorado de una chica hermosa. Al cabo de mucho tiempo decide confesarle su amor.

—Rosita, hace cinco años que la amo en silencio.

—Pues, sigue callado.

UNA MIRADA DE AMOR

Diálogo entre esposos.

—Mi amor, tengo muchas ganas de verte.

—Yo también, querida, ardo en deseos por verte.

—Bueno, entonces decidámonos de una vez y vamos a la óptica.

ECOLÓGICO

Dos jóvenes madres conversan.

—Escuché a la gente de Greenpeace que piden a las madres que no usemos más los pañales descartables y que volvamos a los antiguos pañales de tela. ¿Tú qué opinas?

—Yo estaría de acuerdo si los de Greenpeace vienen a casa, a lavarlos.

FOGOSO

Dos mujeres hablan.

—Mi marido vuelve del trabajo cada día más caliente.

—¿Es muy erótico?

—No, es bombero.

HACIENDO NADA

En un tren subterráneo, repleto de pasajeros, una mujer siente que se para un hombre detrás de ella, demasiado cerca.

—Oiga, señor, ¿qué me está haciendo ahí detrás? —pregunta la mujer.

—Yo, nada, señora —se excusa el hombre.

—Entonces, deje el lugar a otro.

¿GALÁN?

Un hombre mayor le comenta a un ocasional amigo de bar:

—Pensar que cuando yo era joven las mujeres corrían detrás de mí.

—¿Y ahora ya no corren más?

—No, hace mucho tiempo que dejé de robar carteras…

DIVORCIADO ARREPENTIDO

Una señora está en una plaza con cuatro niños y se pone de charla con una ocasional amiga.

—Como verá —dice la mujer—, estoy separada, vivo sola, y tengo que mantener a estos cuatro hijos con mi trabajo.

—¿Hace mucho que se separó?

—Sí, hace más de cinco años.

La mujer mira a los chicos y le pregunta:

—Pero, ¿si hace tantos años que se separó, cómo es que tiene hijos tan chicos?

—Es que, cada tanto, mi ex marido viene a verme para pedirme perdón.

MALAS PALABRAS

Una señora visita a una amiga que tiene un hijo muy mal hablado. En un momento se quedó sola con el chico, y buscando que se corrigiera, le comentó:

—Raulito, me han dicho que tú dices muchas malas palabras.

—Eso no es cierto, señora. ¿Quién se lo dijo?

—Un pajarito.

—¡Qué pajarito hijo de puta y mentiroso!

Las mujeres se han vuelto tan groseras que si alguna tiene un gesto delicado, es seguro que está sacando a relucir su costado masculino.

MADRE AMIGA

La madre le habla a la hija.

—No sé por qué te enojas conmigo, hija. Intento ser, además de madre, tu amiga.

—Que seas mi amiga, me parece bien. Pero me parece mal que quieras ponerte de novia con los chicos de mi grupo.

POBREZA TOTAL

En un subterráneo repleto, un hombre se da cuenta que un carterista está introduciendo una mano en el bolsillo de la chaqueta. Lo mira, y le dice, con discreción:

—Si encuentras algún dinero, vamos a medias...

GANADOR

En un bar se conocen dos hombres y se ponen a charlar.

—¡Qué lindo reloj tiene! —le dice uno.

—Me lo gané en una carrera.

—¿Cómo fue?

—Yo corría adelante, dos policías detrás y no me pudieron alcanzar.

Si un hombre anda con algunos botones menos en la camisa, una de dos: o debe casarse, o debe divorciarse.

¡QUÉ FEO!

Un matrimonio está recorriendo una galería de arte moderno. Frente a un cuadro, la mujer exclama:

—¡Querido, el arte moderno es espantoso! Fíjate qué horrible es este cuadro…

—Mi amor, estás frente a un espejo.

MUY AMANTE

La novia pregunta:

—Después de casada, ¿me seguirás amando?

—¡Por supuesto! ¿Sabes la cantidad de mujeres casadas que amé?

Una mujer se casa con un hombre esperando que cambiará, pero no lo hace.
Un hombre se casa con una mujer esperando que no cambie, pero sí lo hace.

DUDA

Una joven conversa con su amiga.

—Tengo una duda. ¿Qué es mejor? ¿Ser bella o ser buena?

—Yo prefiero ser bella. ¡Para arrepentirme tengo toda la vida!

EL HOMBRE Y SUS MUJERES

El hombre le comenta a su amigo:

—Nunca le puse los cuernos a mi mujer con otra. ¿Y tú?

—Como estamos entre amigos, te lo voy a confesar: de vez en cuando la engaño, pero sólo con mi mujer.

DORMILÓN

En un campamento juvenil, el coordinador entra en una carpa, donde duerme un joven.

—¡Vamos, levántate, que los pajaritos hace rato que están cantando!

—Ah, claro —responde el joven—, si yo durmiera en una rama también estaría deseando levantarme...

Un triunfador es un hombre que hace más dinero de lo que puede gastar su mujer.
Una triunfadora es la mujer que encuentra a ese hombre.

La gran guerra

Humor de militares

RACIONAMIENTO ALIMENTARIO

Durante la Primera Guerra Mundial, un grupo de soldados llega a un pueblito. El líder reúne a los pocos habitantes de ese pueblo y les dice:

—Mis soldados necesitan alimentarse para ganar esta guerra. Cualquier derroche de comida será penado con la muerte —advierte. Luego mira a uno de los campesinos—: Usted, ¿tiene cerdos?

—Sí, oficial.

—¿Con qué los alimenta?

—Con verduras.

—¿Le dan verduras a los cerdos y mis soldados pasando hambre? Fusílenlo.

Luego mira a otro campesino.

—¿Con qué alimenta a los suyos?

—Con sobras de comida, oficial.

—En la guerra no hay sobras de comida. Todo sirve para alimentar a los soldados. Fusílenlo.

Enseguida mira a un tercero.

—¿Y usted los alimenta con verduras?

—No, oficial.

—Con sobras de comida.

—No, oficial.

—Entonces, ¿qué les da de comer?

—Nada.

—¡No mienta, algo les debe dar!

—No, oficial. Yo sólo les doy el dinero, y que ellos se compren lo que quieran.

TACTO MILITAR I

El capitán de un cuartel recibe la noticia de que murió la madre del soldado Gutiérrez. Llama al sargento y le encomienda que se lo diga, pero con la mayor delicadeza posible. El sargento toma la orden y hace formar a los soldados en el patio.

—¡A ver, soldados, el que tenga la madre viva que dé un paso al frente! —grita el sargento. Cuando todos van a dar el paso al frente, levanta una mano y dice—: Usted, Gutiérrez, quédese donde está.

TACTO MILITAR II

Un sargento llamó a un soldado a su despacho.

—Soldado, tengo que darle una terrible noticia: su padre conducía un auto junto a toda su familia y chocó contra un camión que transportaba nafta. Se incendiaron los dos vehículos, murieron todos los de su familia, y como la explosión del camión mató a muchas personas que estaban en esa ruta, iniciaron acciones legales contra usted por ser el único familiar vivo y piden un resarcimiento de varios millones de dólares.

El soldado, al escuchar todo esto, empalideció, se le nublaron los ojos y trastabilló. Cuando el sargento vio que estaba a punto de desmayarse, agregó:

—Calma, calma. Todo lo que le conté es prácticamente mentira. Póngase contento: sólo murió su papá por un ataque cardíaco. Qué suerte, ¿no?

CANTIDAD

A un nuevo marinero, su superior le hace una pregunta para saber sus conocimientos.

—Marinero, ¿cuántas anclas posee este barco?

—Si nuestro capitán es inglés, tenemos once, señor.

—¿De dónde sacó ese disparate?

—De la orden que da cuando dice: "¡Eleven anclas!".

UNA VOZ EN LA NOCHE

Un general llama de madrugada al cuartel. Atiende un soldado.

—Llame al sargento inmediatamente —dice el general.

—El sargento está durmiendo.

—No sea incompetente. ¡Llame al sargento ya!

—Y usted no sea imbécil. Le dije que el sargento está durmiendo.

—Escuche, maleducado, ¿sabe quién soy yo?

—No, ni me interesa.

—¡Soy un general!

—¿Ah, sí? ¿Y sabe quién soy yo?

—No.

—Menos mal...

ÚLTIMO DESEO

Dos prisioneros van a ser fusilados. Viene el oficial a la celda.

—Como es norma, cada uno pedirá un último deseo —dice, y señalando a uno, pregunta—: ¿Cuál es el suyo?

—Antes de morir quisiera escuchar un disco completo de Luis Miguel.

—Será concedido —acepta el oficial y se dirige al otro—: ¿Y el de usted?

—Que me maten antes de que pasen el disco de Luis Miguel.

EN ALTA MAR

El capitán da una orden:
—¡Tiren el ancla!
Se escucha la voz del marinero más joven:
—¿Por qué, si está nueva?

MÚSICA MILITAR

El sargento, frente a su tropa:

—Necesito dos voluntarios a los que les guste la música.

Dos soldados dan inmediatamente un paso al frente.

—Bien. Vayan y suban el piano del general hasta el quinto piso.

ENCOMENDANDO EL ALMA

En un barco a punto de irse a pique.

—¿Alguno de ustedes sabe rezar? —pregunta el capitán.

—Yo —dice uno.

—Bueno, usted rece y los demás pónganse los chalecos salvavidas. Nos faltaba uno.

PELIGRO

En un país que sufrió una guerra civil, dos soldados recién ingresados en la fuerza encuentran tres granadas en una calle.

—Tenemos que llevárselas a nuestro jefe —dice uno.

—¿Te parece? ¿Y si estalla una?

—No te preocupes. Diremos que sólo encontramos dos.

FIDELIDADES MUTUAS

Un soldado que había peleado por mucho tiempo en una guerra en Asia, regresa a su casa y su mujer lo recibe con alegría.

—¿Me has sido fiel durante este tiempo? —pregunta el hombre.

—Por supuesto, mi amor. ¿Y tú?

—Yo también, mi vida.

Esa noche hacen el amor apasionadamente y se duermen muy cansados. A la madrugada, la mujer sueña y habla en voz alta:

—¡Vete, pronto, llegó mi marido! —grita la mujer entre sueños.

El hombre se despierta de golpe, salta de la cama, toma la ropa y se arroja por la ventana.

Feos, sucios y malos

Humor escatológico

CORTE Y RECORTE

En una familia de pescadores, la madre le pregunta a sus hijos:

—¿Quién fue el que estuvo pelando los mejillones en la bañera?

—Nadie, mamá. Fue el abuelito, que se cortó las uñas después de bañarse.

PROBLEMA OCULAR

Un hombre entra al hospital llevando un frasco con una enorme deposición adentro. Llega a la recepción:

—Me indica dónde atiende el oculista.

La mujer mira el excremento y dice:

—Señor, su problema no es para el oculista.

—Sí, sí, es para el oculista.

Comienzan a discutir, pero como la recepcionista no logra convencerlo, lo lleva al oculista. El oftalmólogo lo ve y también le dice:

—Usted debería ir a otro especialista.

—Déjeme que le explique, doctor.

El oculista accede.

—Está bien, cuénteme.

—Mire, ¿lo ve? —le dice, mostrándole la deposición.

—Sí, lo veo.

—Bueno, cada vez que voy al baño y me sale uno de estos, me lloran los ojos una barbaridad.

PENSIÓN COMPLETA

Un chinito viene con mucha prisa hacia la puerta del hotel. Se le acerca al portero y le pregunta:

—Señol, ¿este es un lugar para alojar?

—Sí, señor, ha dado con el sitio indicado.

—¡Ah, menos mal! —dijo el chinito.

Y vomitó en la entrada.

DIFERENCIA

El padre de la novia le pregunta a su futuro yerno:

—A ver si me sabes responder: ¿cuál es la diferencia entre el papel higiénico y la cortina del baño?

—No sé.

—¡Entonces, fuiste tú, maldito!

AROMA

Dos tipos entran en un ascensor. A poco de comenzar a andar se siente un olor insoportable.

—Oiga, ¿usted tuvo una flatulencia? —pregunta uno.

—Por supuesto que tuve una flatulencia. ¿O se cree que yo siempre tengo este olor?

EL COLMO DE LA DESGRACIA

Dijo un hombre, a la salida de un estadio de fútbol:

—50.000 espectadores, 22 jugadores, 10 suplentes, 3 árbitros, 300 guardias de seguridad, 62 periodistas... ¡Y a esta paloma se le ocurre cagar cuando pasa por encima de mí!

¿Cómo se puede dividir una flatulencia en cinco partes?
Muy fácil: largándola dentro de un guante.

HIGIENE EXCLUSIVA

Dos amigos entran a un bar.

—Quiero un café —dice uno.

—Yo también quiero un café —dice el otro—. Pero quiero que el pocillo esté bien limpio.

Al rato vuelve el mozo con el pedido. Antes de servir, pregunta:

—¿Cuál de ustedes pidió el pocillo limpio?

OPERACIÓN URGENTE

Un señor va al médico.

—Doctor, necesito que me cure de mis flatulencias. Me da mucha vergüenza porque no las puedo dominar ni siquiera en público. Y no es por el olor, porque no huelen, sino por el ruido enorme con que salen.

—Eso es extraño —comenta el médico, intrigado.

En ese mismo instante, el paciente larga una flatulencia con un ruido espectacular, que rebota en todas las paredes y hace que el médico se tape los oídos.

—Hay que operar, señor, ¡urgentemente!

—¿Ahora?

—¡Sí, sí, ahora mismo!

—¿Me bajo los pantalones?

—¿Para qué? ¡De lo que lo voy a operar es de la nariz!

¿Cuál es la diferencia entre miedo, terror y pánico? Miedo es que te metan un paraguas por el recto. Terror es que intenten abrirlo. Pánico es que después de esto, ¡quieran sacarlo!

¿Qué es más asqueroso que encontrar un gusano en la manzana que uno está comiendo? Encontrar sólo medio gusano.

La clase obrera va al paraíso

Humor de profesionales, empleados y empleadores

HIJO DE...

Un hombre va al psicólogo por un grave problema.

—Doctor, mi complejo es que empecé a dudar del honor de mi madre. Hay veces que pienso que fue una mujer de vida ligera. Eso me pasa sobre todo cuando estoy trabajando.

—¿Y de qué trabaja usted?

—Soy árbitro de fútbol.

HAMBRUNA

Un comensal de un restorán lujoso llama al camarero luego de haber comido.

—Me he quedado con apetito. ¿Qué me aconseja?

—Le aconsejo que pida la cuenta. Verá cómo se le pasa el apetito enseguida.

SALARIO RECORTADO

Un empleado va a quejarse al gerente administrativo.

—Señor, mi sobre del sueldo vino con quinientos pesos menos.

—¿Por qué se queja, si el mes pasado le dimos por error quinientos pesos de más?

—Porque un error lo puedo dejar pasar una vez, dos no.

BILLETE GRANDE

Se encuentran dos amigos.

—Fui a ver al dentista porque me dolía una muela.

—¿Te la extrajo?

—Sí, me sacó tres.

—¿Por qué te sacó tres si te dolía una?

—Es que el dentista no tenía cambio.

UNIFORME

En una casa de comida al paso.
—Dígame, ¿los chorizos son mezcla?
—No, señor, son totalmente de perro.

VENDEDOR EXITOSO

Dos amigos están hablando en un bar.

—¿Sabes quién está ganando una fortuna en su trabajo? Joaquín.

—¿Joaquín, el tartamudo? ¿A qué se dedica?

—Vende Biblias por las casas.

—Imposible. Es demasiado tartamudo para ser un buen vendedor

—A él le va de maravillas.

—¿Cómo hace?

—Muy sencillo. Les dice a sus clientes: "¿Si no me compra una Biblia se la leo?".

MENDICANTE

Un mendigo se le acerca a una señora.

—Por favor, me da una limosna.

—¿Por qué pide en lugar de ir a trabajar?

—Señora, le estoy pidiendo una limosna, no un consejo.

PELO Y BARBA

Había en cierta ocasión un barbero que le quiso enseñar el oficio a su hijo, así que lo puso a afeitar a un cliente. El caso es que el jovencito se equivocó, y en vez de untar jabón en la cara del cliente le echó champú. El padre, al ver la equivocación, le suelta una bofetada al chaval, con la suerte de que el chico la esquiva y va a parar a la cara del cliente. El muchacho prosigue el afeitado sin darse cuenta de que está usando la navaja de cortar el pelo, en vez de la de afeitar. El padre, al darse cuenta de la nueva equivocación del hijo, le arrea otro bofetón con la misma suerte que el primero; o sea, que también va a parar a la cara del cliente. Al muchacho, temblándole el pulso por los nervios, se le va la mano y le corta al cliente la oreja, que rueda por el suelo. El cliente, horrorizado, le suplica al joven, por lo bajo:

—¡Pisa la oreja, rápido, que si la ve tu padre nos mata!

BUENOS NEGOCIOS

Un empresario, bastante arruinado, conversa con otro empresario amigo.

—Contraté a una persona para que, de ahora en adelante, se encargue de resolver todos mis problemas. Para eso le voy a pagar 9000 dólares por mes.

—¡9000 dólares! ¿Cómo vas a hacer para pagarle esa cifra?

—Ese es el primer problema que le di a resolver.

VENTA PROPORCIONAL

Un hombre está visitando la fábrica de profilácticos de un amigo.

—Estas son las máquinas nuevas que compré, que fabrican una profilácticos perfectos —le dice el dueño—. Y aquella es una máquina vieja, que saca los profilácticos fallados.

—¿Por qué no la retiras del servicio si los hace fallados?

—Porque también tengo una fábrica de biberones.

—¿Y eso qué tiene que ver?

—Es obvio. Cuanto más profilácticos fallados saque a la venta, más producción de biberones voy a tener.

CHATARRA

El hombre va al taller mecánico donde dejó el auto para que lo revisaran.

—El asunto es la batería.

—¿Qué necesita la batería?

—La batería necesita que le pongan un auto nuevo.

ENTENDIÉNDOSE POR SEÑAS

Una joven y hermosa coreana llega a Londres con su esposo. La primera mañana, ya instalada en la ciudad, va a una carnicería a comprar muslos de pollo. Como no sabe una palabra de inglés, trata de hacerse entender por señas. Al ver que el comerciante no comprende las señas, se levanta las faldas y muestras sus muslos. Enseguida, el carnicero entiende y le da los muslos de pollo.

Al otro día, vuelve para comprar pechuga de pollo. Tampoco le entiende las señas, por lo que la coreana se desprende la blusa, saca uno de sus pechos, se lo muestra al carnicero, y este le da la pechuga de pollo.

Al tercer día va a comprar salchichas. Por más señas que hace la coreana, el carnicero tampoco puede saber qué es lo que quiere. Cansada la coreana, sin ningún recurso para explicarle que quería comprar salchichas, se le ocurre la idea de ir a buscar a su marido para que el carnicero sepa qué es lo que quiere. Al rato vuelve con el marido y se lo presenta al carnicero para que le muestre con claridad qué desea. El coreano, ni lerdo ni perezoso, lo hizo.

Por supuesto, el coreano sabía inglés.

Aritmética de oficina

Jefe inteligente más empleado inteligente = beneficio.

Jefe inteligente más empleado tonto = producción.

Jefe tonto más empleado inteligente = ascenso.

Jefe tonto más empleado tonto = horas extra.

ACOSTUMBRAMIENTO

Un camarero de una fonda infecta viene trayendo un plato de sopa con un dedo adentro de ella. El cliente se enoja.

—¡Oiga, tiene el pulgar metido en la sopa!

—No se preocupe, ya estoy acostumbrado y ni siento el calor.

EL PRÉSTAMO ÍNFIMO

McGregor llega al banco y habla con el gerente.

—Quisiera sacar un préstamo.

—Pero, señor McGregor, usted tiene mucho dinero depositado en nuestro banco. ¿Necesita un préstamo?

—Si no me otorgan el préstamo retiro todo mi dinero.

—No, no, le damos el préstamo. ¿Cuánto necesita?

—¿A cuánto está la tasa mensual?

—2%.

—Muy bien. Quiero un préstamo de una libra.

—¿Sólo una libra? No creo que podamos...

—Mire que retiro todo mi dinero...

—No, no, le damos el préstamo de una libra.

—Le quiero dejar como garantía mi Rolls Royce.

—Oh, señor McGregor, no es necesario...

—Si no me lo toma en garantía, saco mi dinero...

—No, no, se lo tomamos...

Hecha toda la operación, McGregor vuelve a su casa.

—Querida —dice, contento—, podemos irnos todo el mes de vacaciones y sin gastar de más. Dejé el Rolls Royce a buen cuidado por el 2% de una libra.

SIN GUSTO

El cliente llama al camarero.

—¿Qué es la comida me sirvió? ¿Pollo, cordero o cerdo?

—¿No puede distinguir qué gusto tiene?

—No.

—Entonces, ¿de qué se queja?

LAVADO Y PEINADO

En una peluquería:

—¿Le pongo champú al huevo?

—No, no. Póngalo en la cabeza, como a todo el mundo.

SEIS MOSCAS EN SEIS PLATOS

—Mesero, hay una mosca verde en mi plato.
—Perdóneme usted. Ahora le traigo una más madura.

—Camarero, ¿qué significa esta mosca en mi plato?
—Qué sé yo… Soy camarero, no adivino.

—¡Hay una mosca ahogada en mi sopa!
—Y, es que no saben nadar muy bien…

—Camarero, en mi plato hay una mosca muerta.
—Si la quería viva, es otro precio.

—¡Hay una mosca en mi plato!
—¿Y usted cuántas pidió?

—Camarero, hay una mosca en mi sopa.
—No se preocupe, le descontamos lo que beba.

LENTO

En otro restaurante.
—Camarero, ¿para cuándo la sopa que le pedí?
—La sopa de tortuga siempre tarda un poco, señor.

AHORRO EMPRESARIAL

El dueño de una gran empresa habla con su mujer.

—Querida, si tú aprendes contabilidad podríamos ahorrar dinero en la empresa. Te encargas de la administración y echamos a la contadora.

—Y si tú hicieras bien el amor podríamos ahorrar más dinero aún.

—Estás loca. ¿De qué manera ahorraríamos?

—Si hicieras bien el amor echaríamos al gerente, al chofer y al cadete.

A TAJO LIMPIO

En la barbería. Un joven aprendiz está afeitando a un cliente y le hace varios cortes.

—¿No tienes otra navaja? —pregunta el cliente.

—¿Por qué? ¿Esta no corta bien?

—No, hijo, es para mí. Para defenderme.

POLÍGLOTO

Un cliente llega a un restaurante. Se le acerca el camarero.

—Por favor, sírvame una tortilla.

—¿La prefiere española?

—Cualquier idioma me es igual...

CANTIDAD

Un cliente deja la mesa de un restorán y encara al camarero.

—¡Le pedí cien veces que me trajera un vaso de agua!

—¡Marchen cien vasos de agua para el señor de la mesa 8!

FRANQUEZA DE TAXISTA

Una mamá y su hijo pequeño van en un taxi. De pronto, se detienen frente a un semáforo y el niño ve a una prostituta parada en la esquina, sin mucha ropa.

—Mamá, ¿por qué esa señora tiene tan poca ropa?

La madre trata de darle una respuesta acorde a la corta edad del niño.

—Es vendedora ambulante y tiene poca ropa porque no tiene mucho dinero.

El taxista se entromete en la conversación, y critica a la madre.

—¡No le mienta al niño, señora! Dígale la verdad.

—Pero, es apenas un niño.

—Ya es grande —responde el taxista. Y, dirigiéndose al niño, le dice—: Esa señora es una prostituta.

Al oír eso, el niño le pregunta a la madre:

—Mamá ¿qué es una prostituta?

—Una prostituta, cariño, es una señora que se acuesta con cualquier hombre que se le cruce en el camino, y sus hijos son taxistas.

DEL DÍA QUE SE HIZO

Con disgusto, el cliente se queja al camarero.

—Este plato del día tiene gusto a viejo.

—Me hubiera aclarado de qué día lo quería…

MISERIA TOTAL

En una plaza de un país latinoamericano —pauperizado por los malos gobiernos— se encuentran dos vendedores ambulantes de origen judío. Uno vende pañuelos y el otro botones de plástico. Con ánimo de charlar, uno de ellos se acerca al otro.

—¿Hace mucho que vende pañuelos?

—No, hace muy poco. Yo tenía una fábrica textil con 3000 operarios. Con el mal gobierno anterior tuve que despedir a 1500 y con este gobierno, tan malo como el otro, despedí a los 1500 restantes. Hoy estoy en la miseria y me gano la vida vendiendo pañuelos. ¿Y usted siempre vendió botones?

—No, yo tuve una gran fábrica de plásticos, pero con el anterior gobierno tuve que despedir a la mitad del personal y con este despedí al resto y cerré la empresa. Hoy vivo como puedo gracias a la venta ambulante de botones de plástico.

Uno de los vendedores mira con detenimiento al otro.

—Escuche: yo a usted lo conozco de algún lado...

—Sabe que a mí me parece lo mismo.

—¡Ah, ya sé! ¿Usted estuvo en el campo de concentración de Auschwitz?

—¡Sí! ¡Y usted también!

—Claro, nos conocimos allí. ¿Se acuerda de Auschwitz?

—Sí que me acuerdo... ¡Qué buenos tiempos aquellos...!

ERROR FLORAL

Una mujer llama a la florería.

—Señor, ayer inauguramos nuestra casa y recibimos un ramo de flores que decía: "Que descanses en paz". Estoy indignada.

—Me imagino, señora, fue un error de nuestro cadete, que cambió los envíos. Pero piense los deudos que recibieron la que decía: "Qué disfrutes de tu nueva casa".

NEGOCIO REDONDO

Charlan dos comerciantes del ramo gastronómico.

—Voy a poner un bar en medio del desierto del Sahara.

—¡Es una locura! Allí te puede caer un cliente cada tanto.

—Sí, pero el que caiga, ¿sabes la sed que va a tener?

SIN OBLIGACIÓN

En una oficina, un empleado nuevo ve que el gerente está haciendo chistes y todos, menos uno, se ríen y festejan dando palmas. Se acerca al que está serio y le pregunta:

—Disculpa, ¿a ti no te hacen gracia los chistes del gerente?

—No, a mí me confirmaron en el puesto.

LARGA VIDA

Un abogado se muere y llega al Cielo, donde lo reciben con aplausos.

—Lo felicito —le dice San Pedro—, usted es el hombre más viejo que llega al cielo. ¡164 años!

—Perdone, pero están en un error. Yo tengo 67 años.

—Imposible. Hemos sumado las horas que usted le facturó a sus clientes durante toda su vida y nos da 164 años.

CHISTES MUTUOS

Un viejo empleado habla con su patrón.

—Considero que los 300 dólares que me paga desde hace quince años es muy poco.

—¿Cuánto pretende ganar?

—Bueno, hice mis cálculos y pienso que por la experiencia que tengo, el trabajo que desarrollo y mi comportamiento a lo largo de estos años merezco un sueldo de 2500 dólares.

—Bien, le pagaré 5000 dólares, le daré un automóvil para que se desplace, le asignaré una secretaria, le daré dos días semanales de descanso y le pagaré las vacaciones en el lugar que usted elija. ¿Le parece bien?

—Pero, ¿usted me está tomando el pelo?

—Sí, pero empezó usted...

MISMO OFICIO

Un señor pide la cuenta en un restorán, y dice:

—Espero que me haga un descuento de colega.

—¿Usted también es camarero?

—No, soy ladrón.

LLAMADOS

Un empresario llama a su casa y lo atiende la mucama.

—María, ¿llamó algún imbécil hoy?

—No, señor, usted es el primero.

PREGUNTE, PREGUNTE...

Un hombre entra a un estudio de abogados.

—¿Ustedes cobran por evacuar una consulta?

—Sí, señor, cobramos mil dólares por tres preguntas.

—¿No es demasiado caro?

—No. ¿Cuál es su tercera pregunta?

Mi pobre angelito

Humor con niños

MATERNIDAD

Un niño le pregunta a su madre embarazada:

—Mamá, ¿qué tienes en la barriga que está tan grande?

—Tengo un niño como tú.

—¿Un niño? ¿Y quién te lo ha dado?

—Me lo dio papá.

El niño, asustado, corre con su papá y le dice:

—¡Papá, papá, no le des más niños a mamá que se los come!

DIVINA CRIATURA

Un niño a su padre:

—¡Papá, papá, cómprame un Colt 45!

—¿Estás loco? Eso no es cosa de niños.

—¡Quiero un Colt 45!

—¡No, hijo, no insistas!

—¡Quiero un Colt 45!

—¡Te digo que no! Además, ¿quién manda aquí?

—Tú, papá. Pero, si yo tuviera un Colt 45…

SIN SALIDA

Un niño le habla a su madre:
—Mamá, esta noche no volveré a casa.
—Dios mío, hijo, ¿por qué me dices eso?
—Porque no pienso salir.

GLOTÓN

Llega la madre al comedor y ve que no ha quedado nada de la torta que puso en el plato. Reprende a su hijo:

—Te comiste toda la torta y no pensaste en tu hermano.

—Claro que pensé, mamá. ¡Casi me atraganto pensando que venía!

NOMBRE

Un hombre va con su pequeña hija en su automóvil. Pasa otro automóvil, le roza el espejo y se lo arranca. Ambos se detienen y el hombre baja.

—¿Adónde vas, papá? —pregunta la nena.

—Espera un segundo que voy a pedirle el nombre a ese señor que me chocó.

—No, papá, no lo hagas. Tu nombre me gusta mucho.

EL TIEMPO PASA...

La madre y el pequeño hijo están mirando un álbum de fotografías. El chico se detiene en la foto de un joven elegante.

—¿Quién es este señor, mamá?

—Es tu padre.

—¿Y, entonces, quién es ese gordo pelado que vive con nosotros?

VALOR Y PRECIO

Una nena va con su mamá a una juguetería.

—Quiero comprarle una Barbie a mi hija.

—Tenemos todos los modelos, señora —le dice la empleada—. Esta Barbie soltera vale 50 dólares, esta Barbie casada vale 50 dólares y esta Barbie divorciada vale 150 dólares.

—¿Por qué vale tanto la divorciada?

—Porque viene con la casa, el automóvil y la lancha de Ken.

CLASE DE ANATOMÍA

En un examen, el profesor le entrega a un alumno una pata de pájaro.

—Joven, sobre la base de esta pata deberá decirme cómo se llama el animal, cuánto tiempo tuvo de vida y de qué sexo era.

El alumno se siente apabullado.

—Oiga, profesor, lo que usted me pide es una reverenda estupidez.

—¡No le permito ese lenguaje, alumno! Dígame su nombre y a qué grado pertenece.

El muchacho se descalza, se saca la media y le muestra el pie desnudo.

—Adivine...

MANOS

La maestra pregunta:

—Julián, si tengo cinco manzanas en esta mano y seis manzanas en esta otra, ¿qué tengo?

—Las manos muy grandes, señorita.

CASI IGUAL

Un niño se queja a la madre de otro:

—Señora, dígale a su hijo que deje de imitarme.

—Como no. ¡Mi amor, deja de hacerte el idiota!

EXAMEN COMPLICADO

En el colegio, durante un examen escrito. Un alumno le dice a su compañero:

—No sé nada. Mira, tengo la hoja en blanco.

—Y yo también tengo la hoja en blanco.

—¡Oh, qué problema! Van a decir que nos copiamos...

DRAMA FILIAL

Un niño está llorando en la puerta de su casa. Pasa una señora, se apiada de él y le pregunta qué le pasa.

—Es que mi mamá y mi papá me dijeron que van a comprar un hermanito.

—Eso no es para llorar, al contrario...

—Usted lo dice porque no los conoce. La semana pasada compraron un auto y al que tenían lo regalaron.

HORA DE AMOR

Los padres quieren tener relaciones sexuales y tratan de que su hijo no los interrumpa.

—Queridito —le dice el papá—, ve a la ventana y quédate un rato contándonos todo lo que pasa en la calle. Con tu mamá vamos a hablar de cosas importantes.

El niño se asoma y comienza a relatar:

—Pasa un señor acompañado por su perro, ahora pasa un taxi, se acerca un autobús y los vecinos del edificio de enfrente están haciendo el amor.

—¿Y eso cómo lo sabes? —pregunta la madre, intrigada.

—Porque el hijo está asomado en la ventana como lo estoy yo.

DOS PREGUNTAS

El profesor de astronomía decide ser benévolo con sus alumnos.

—Hoy pensaba hacerles dos preguntas, pero voy darle la posibilidad de que si me contestan la primera, daré por contestada la segunda.

Se fija en la lista y dice:

—Alumno Gutiérrez, ¿qué distancia hay entre el Sol y la Tierra?

—Cien kilómetros.

—¿De dónde sacó ese disparate?

—Ah, no, esa es una segunda pregunta.

ACENTO ESCRITO

La maestra corrige una composición.

—Estrada, la palabra invierno no se acentúa.

—Sin embargo escuché por la radio que hoy el invierno empezaba a acentuarse.

ESCASA BELLEZA

El niño, de cuatro años, le dice fea a una tía. Su madre lo reprende y le pide que le diga a la tía que lo lamenta. El niño obedece:

—Tía, lamento que seas fea.

PARTO

A espaldas de los padres, dos chicos se ponen a ver un video sobre un nacimiento. Cuando el niño nace, el doctor lo toma y le da una palmada para hacerlo llorar.

—¡Uy, qué golpe le dio el médico! —exclama uno de los chicos.

—Y con razón —dice el otro—. ¿No viste dónde se fue a esconder?

PRÁCTICA SEXUAL

El hijo pregunta:

—Mamá, ¿cómo nací?

—Te trajo la cigüeña, hijo.

—Y mi hermanito Lucas, ¿cómo nació?

—Lo trajo la cigüeña.

—Y mi hermanita Mercedes, ¿cómo nació?

—También la trajo la cigüeña, mi vida.

—¿Entonces tú nunca tuviste relaciones sexuales con papá?

VESTIMENTA

El profesor de matemáticas le pregunta a un alumno:

—Si usted tiene 550 pesos en un bolsillo y 700 pesos en el otro, ¿qué tiene?

—Una chaqueta que no es mía, profesor.

RESPUESTA EQUIVOCADA

Una joven y hermosa maestra se dispone a dar una clase de botánica. Antes de hacerlo, llega un inspector y decide presenciar la lección sentado entre los niños. Se ubica en el fondo de la clase. La maestra comienza señalando diferentes clases de flores, según sus características. Como ve que el niño que está al lado del inspector está distraído, le pregunta:

—Eduardito, ¿entendiste lo que dije?

—Sí, señorita.

—Bueno —dice la maestra y toma una flor del pupitre—, si es así, dime: ¿cómo se llama la flor que tengo en la mano?

—Este… no la veo bien.

—¿No la ves bien o no sabes?

La maestra agita la flor para que el alumno la vea y esta se le cae. Cuando se inclina a recogerla, su minifalda deja ver dos espléndidas piernas.

—¡Flor de piernas! —dice Eduardito.

La maestra rompe en indignación.

—¡Atrevido! ¡Maleducado! ¡Has dicho una grosería inaudita!

Eduardito se vuelve hacia el inspector y en voz baja, pero con odio, le dice:

—¿Si no sabe, para qué sopla?

VALOR ÍNFIMO

El niño llama a su tío por teléfono.

—Tío, gracias por el regalo.

—No tienes nada que agradecer. Es una insignificancia.

—Eso me dijo mamá, pero me pidió que de todas maneras te lo agradeciera.

CASI

El niño vuelve contento de la escuela.

—¡Papá, hoy casi me saqué un 10!

—A ver si es cierto —dice el padre—. Dame el cuaderno.

El padre revisa y encuentra una nota baja.

—¿Cómo casi te sacaste un 10, si te pusieron un 4?

—Es que el 10 se lo sacó mi compañero de banco.

SEGURIDAD PUBLICITARIA

El niño le dice a la madre:

—Mamá, voy a jugar a la plaza.

—Ve, pero ten cuidado de no lastimarte.

—No hay problema. Llevo un tampón.

—¡Hijo, ¿cómo va a ir a jugar con un tampón?! —dice la madre, escandalizada.

—¿No escuchaste en la tele que dice que con un tampón puedes correr, nadar, saltar y no te pasa nada?

KILOS DE MÁS

La mamá le pregunta a la hijita:

—¿Qué piensas hacer cuando seas como yo?

—Supongo que una dieta estricta, mamá.

PEQUEÑO ERROR

En una clase, mientras hacen unos problemas de matemática, un alumno le pregunta a su compañero:

—¿Por qué haces los números tan chicos?

—Para que los errores se noten menos.

PROTECCIÓN SEGURA

En una clase de biología.

—Suárez, ¿qué utilidad tiene el pelo para el ser humano?

—Nos protege para que nada nos mate, señorita.

—¿Quién le ha dicho tal cosa?

—Es lo que le escuché decir a mi papá el otro día. Tuvo un accidente y como no se hizo nada, dijo: "Me salvé por un pelo".

PAPÁ NOEL

Un niño, antes de Navidad, le está escribiendo una carta a Papá Noel.

—Querido Noel, te vuelvo a poner la dirección exacta de mi casa, para que no pase lo del año pasado, que te había pedido una bicicleta y la dejaste en la casa de enfrente y tuve que golpear al niño para poder quitársela.

UN POCO, APENAS

El niño vuelve de la escuela.

—Hijo, ¿has aprendido mucho en la escuela?

—No, mucho, mamá. La maestra dijo que tengo que volver mañana.

Amarcord

Sobre lo que va de ayer a hoy

Ayer: Solterona.
Hoy: Profesional independiente.

Ayer: Rascarse el ombligo, pero caro.
Hoy: Spa.

Ayer: Engañapichanga.
Hoy: Demo.

Ayer: Don José, ¿me manda a su hijo con el pedido?
Hoy: Delivery.

Ayer: Trabajo en negro.
Hoy: Pasantía.

Ayer: Dije tonterías.
Hoy: Mis expresiones fueron sacadas de contexto.

Ayer: Loco de remate.
Hoy: Transgresor.

Ayer: Almacén.
Hoy: Drugstore.

Ayer: Ninguna mujer me lleva el apunte.
Hoy: No encuentro mi target.

Ayer: Me visto con cualquier porquería.
Hoy: Soy fashion.

Ayer: Humildad.
Hoy: Perfil bajo.

Ayer: Vuelta del perro.
Hoy: Vamos al shopping.

Ayer: Hacer las cosas para el traste.
Hoy: Desprolijidad.

Ayer: Pan flauta.
Hoy: Baguette.

Ayer: Tocar de oído algunos temas.
Hoy: Consultor de empresas.

Ayer: Vendedor.
Hoy: Ejecutivo de cuentas.

Ayer: Maricón.
Hoy: Diferente.

Ayer: Servilleta con anotación de teléfono.
Hoy: Palm Pilot.

Ayer: No quiero que me moleste nadie.
Hoy: Estoy en reunión.

Ayer: Curandero.
Hoy: Mentalistas.

Ayer: Haraganear en el laburo.
Hoy: Desayuno de trabajo.

Ayer: Peluquero.
Hoy: Estilista.

Ayer: Profesor de gimnasia.
Hoy: *Personal trainner.*

Ayer: Caminata a la sierra.
Hoy: Trekking.

Ayer: Impunidad de los funcionarios públicos.
Hoy: Fueros.

Ayer: ¿Me das tu teléfono?
Hoy: ¿Me das tu e-mail?

Ayer: Acomodado político.
Hoy: Asesor de gobierno.

Ayer: Me voy a la disco a ver si engancho algo.
Hoy: Voy a chatear.

Ayer: Piojo resucitado.
Hoy: *Entrepreneur.*

Ayer: Él y ella están calientes.
Hoy: Funciona la química.

Ayer: Busco un hombre para acostarme.
Hoy: Busco un hombre que me contenga.

Ayer: Viajar desastrosamente.
Hoy: Turismo de aventura.

Ayer: Manipular a la opinión pública.
Hoy: Fenómeno mediático.

Ayer: Tienda de bombachas y corpiños.
Hoy: *Lingerie.*

Ayer: Amor a primera vista.
Hoy: Hay efectivo.

Ayer: No entendí un corno.
Hoy: No leí entrelíneas.

Ayer: Todo me chupa un huevo.
Hoy: Descontrol.

Ayer: Flaca esquelética.
Hoy: Modelo top.

Ayer: Morirse de hambre.
Hoy: Necesidades básicas insatisfechas.

Ayer: No tengo un peso.
Hoy: Familia careciente.

Ayer: Cara de bruja.
Hoy: No estoy producida.

Ayer: No hay un corno para ver en la tele.
Hoy: Voy a hacer zapping.

Ayer: Programa televisivo lleno de imbecilidades.
Hoy: Magazine.

Ayer: Mi programa fue un fracaso.
Hoy: No entendieron mi mensaje.

Ayer: Tribuna televisiva llena de muertos de hambre.
Hoy: Participantes de talk show.

Ayer: Miserables países del Tercer Mundo.
Hoy: Economías emergentes.

Ayer: Masivos despidos de personal.
Hoy: Reestructuración para enfrentar el mundo globalizado.

Ayer: Nos juntamos para achicar los gastos.
Hoy: *Joint venture.*

Ayer: Turismo de pobres.
Hoy: Descanso de *week end.*

Cocoon

Humor con la tercera edad

TÁCTICAS DE SOLTERO

Un soltero empedernido le contaba a un amigo cómo hizo para que lo dejaran vivir tranquilo con su soltería.

—Mis tías solían acercarse a mí en las bodas, dándome golpecitos con el codo sobre las costillas y diciendo: "Eres el siguiente...". Dejaron de hacerlo cuando yo empecé a hacer lo mismo con ellas en los funerales de nuestros familiares.

¡QUÉ DESGRACIA!

Un policía encuentra a un anciano llorando en un banco de una plaza.

—¿Qué le sucede, abuelo?

—Mi vida es una desgracia —responde el viejo—. Tengo 80 años y hace unos meses me casé con una jovencita de 18, hermosa, rubia, con unos pechos increíbles y unas caderas fabulosas.

—No me diga que usted no puede...

—No, al contrario. Tengo el vigor sexual de un muchacho. Hacemos el amor todas las noches. Además, ella me cocina, me arregla la casa, me atiende hasta en mis más mínimos caprichos...

—Entonces, no entiendo por qué llora.

—Es que me olvidé donde vivo...

EN EL FÉRETRO

En la casa mortuoria, el yerno indica cómo quiere que pongan a su suegra en el cajón.

—Por favor, que quede de costado.

—Es insólito lo que pide —dice el empleado— ¿Cuál es la razón?

—Es que tengo miedo de que si la ponen boca arriba, ronque.

Era tan viejo que no tenía espermatozoides sino espermatosaurios.

MALDADES DE SOBRINA 1

La sobrina y la tía.
—¿De dónde vienes, tía?
—Del Salón de Belleza.
—¿Estaba cerrado?

MALDADES DE SOBRINA 2

—Tía, ¿para qué te pintas?
—Para estar más linda.
—¿Y cuánto tarda en hacerte efecto?

VIDA NUEVA

Un anciano de más de 80 años entra a la farmacia.

—¿Tiene medicamentos para el corazón? —pregunta.

—Sí, señor —responde el farmacéutico.

—¿Y medicamentos para la artritis?

—También.

—¿Tiene para el colesterol?

—También tengo.

—¿Y para la presión?

—Tengo varios.

—¿Insulina?

—Sí, por supuesto.

—¿Supositorios?

—Sí, señor. Mire, tenemos todo lo que usted, a su edad, necesita.

El viejito sale a la puerta, donde lo espera una viejita de igual edad.

—Querida, en esta farmacia hay de todo. Hacemos la lista de casamiento aquí.

MALDADES DE SOBRINA 3

La tía le comenta a la sobrina.

—Yo tendría que estar en una organización ecológica. ¡No sabes cómo adoro a la naturaleza!

—La verdad es que eres demasiado buena, tía. Adoras a la naturaleza después de lo que te hizo...

HOMBRE BONACHÓN

Se conocen dos hombres en un bar, mientras toman unas copas.

—Así como me ve, tengo 75 años.

—¡Qué maravilla! ¡No los representa! ¿Cómo se mantiene tan joven?

—Por mi buen carácter. Mi secreto para mantenerme joven es no discutirle nada a nadie.

—¿Lo mantiene joven no discutirle nada a nadie?

—Así es.

—Vamos, no va a ser sólo por eso…

—Y, no será…

DONACIÓN

Dos amigos comentan en un bar.

—¿Te enteraste que murió don Fermín y le dejó todo al orfanato de la ciudad?

—Pero, si don Fermín no tenía ni una moneda. ¿Qué le dejó?

—Doce hijos.

SUEGRA EN LA CORNISA

De un balcón de un segundo piso comienzan a escucharse unos gritos desgarradores de mujer. Muchas personas se juntan en la vereda y ven que un hombre intenta lanzar al vacío a una viejita, que se toma de la baranda para no caer. La gente, indignada, empieza a gritarle:

—¡Qué hace, asesino! ¡Suelte a esa anciana! ¡Mal nacido!

El hombre, sin dejar de forcejear con la vieja, grita:

—¡Es mi suegra!

De entre la gente, se escucha una voz que dice:

—¡Mira cómo se agarra a la baranda la desgraciada!

DISIMULANDO

En los Estados Unidos uno puede ir al registro y pedir una patente para el auto que diga cualquier cosa en ella. Un hombre a la oficina de chapas patentes y le dice a la empleada:

—Señorita, deseo una patente que diga "VIAGRA".

—¿Es para su auto, señor?

—Nooo... Es para el auto de un amigo.

El regalo correcto para una suegra es comprar una tarjeta del Día de la Madre y entregársela en Halloween.

INMADUREZ Y DESMEMORIA

Un viejito de más de 70 años se casa con una jovencita de 18. Cuando vuelve de su luna de miel, un amigo le pregunta:

—¿Me imagino que la pasaron de primera, no?

—Todo lo contrario. Ella, de tan joven, no sabía. Y yo, de tan viejo, no me acordaba.

EDAD AVANZADA

Un anciano iba caminando por el borde de un estanque cuando escuchó a alguien que lo llamaba. Miró hacia la orilla y vio a una ranita que le hablaba con una bellísima voz.

—Soy una joven princesa, la más hermosa y la más erótica del reino. Una bruja, envidiosa de mí, me convirtió en rana. Sólo podré volver a mi cuerpo verdadero si alguien me da un beso.

El anciano toma la rana en sus manos, y en lugar de besarla se la guarda en el bolsillo de su chaqueta. La ranita asoma la cabeza y le pregunta:

—¿No me vas a besar? ¿No quieres tener las noches de amor y lujuria que jamás hayas soñado? ¿No quieres gozar el sexo conmigo una semana seguida?

—No, niña. A mi edad me divierte más una rana que habla que una ninfomaníaca.

PASIÓN MADURA

Están en la cama dos ancianos que se preparan para hacer el amor.

—Querido, ¿por qué no hacemos el amor en el suelo?

—¿En el suelo? ¿Para qué?

—Para sentir algo duro.

HECHO A MANO

Un viejito que había pasado los 70 años se casa con una chica de 25. En la noche de bodas, la chica va a la cama con una hermosa lencería. El viejito, al verla, se le iluminan los ojos, y extendiéndole la mano hacia su joven mujer le muestra los cinco dedos.

—¿Qué? —exclama asombrada la chica por el vigor del viejo—. ¿Vamos a hacer el amor cinco veces?

—¡No, por favor! Te estoy pidiendo que elijas qué dedo quieres...

EL LOBO FEROZ

Un chico le comenta a otro:

—Mi abuelito imita a un lobo como ninguno.

—Quisiera escucharlo —contesta el otro.

—¿Ah, sí? Ya vas a ver —dice el chico. Se da vuelta y le grita al abuelo—: ¡Abuelo, ¿cuánto hace que no le haces el amor a la abuela!

Y se siente que el abuelo dice:

—¡Uuuuuuuuuuuuuhhhh...!

PANTALLA CALIENTE

El abuelo al nieto.

—¡Qué aburrido es ese programa de la televisión?

—Eso es el microondas, abuelo.

COSA SABIDA

Un hombre de más de 70 años, se despierta a medianoche con deseos de tener una relación sexual con su mujer, también de su edad. Le golpea el hombro y esta se despierta.

—¿Qué quieres?

—Quiero hacer el amor contigo.

—¿Y para eso me despiertas? ¿Acaso no sabes dónde está todo?

A PASO DE TORTUGA

El nieto al abuelo, quien come un yogur muy lentamente.

—Apúrese, abuelo, que tiene fecha de vencimiento dentro de tres días.

VER Y RECORDAR

Un golfista veterano llega a su casa muy disgustado porque sus problemas de visión no le permiten jugar bien.

—Lo que pasa es que ya no tengo buena vista y nunca sé dónde cae la pelotita —le dice a su mujer.

—¿Por qué no le pides a mi hermano que te acompañe?

—¿Te parece? Tu hermano es mayor que yo y tiene más achaques.

—Pero tiene una visión perfecta.

—Tienes razón, no lo había pensado.

A la semana siguiente va con su cuñado al campo de golf. Pone la pelotita en el *tee,* le da un formidable golpe, la pelota vuela y su cuñado la sigue con la mirada hasta que cae en el césped.

—¿La viste bien?

—Perfectamente.

—¿A dónde fue?

—Ehhh... La verdad es que no me acuerdo...

TRABAJO A CONCIENCIA

Una vieja le pregunta a su esposo:

—Hace cincuenta años, la primera vez que me viste ¿qué fue lo primero pensaste de mí?

—Tenías tan lindo cuerpo que pensé en besar tus pechos hasta dejarlos secos.

—¿Y qué piensas ahora?

—Que hice un buen trabajo.

COLOR

El nieto lleva a su abuelo al bar a tomar una copa.

—Tráigame un refresco para mí y una copa de vino para mi abuelo.

—¿Tinto o blanco?

—Cualquiera. Mi abuelo no ve casi nada...

PLACERES OLVIDADOS

Un anciano golpea en una casa de tolerancia. Lo recibe una de las prostitutas.

—Abuelo, ¿qué busca acá?

El hombre se queda pensando.

—A ver… Déjeme pensar a qué vine…

Cabaret

Humor sobre artistas

UN DETALLE, NADA MÁS

Dos actrices principiantes se encuentran.

—Al fin pude conseguir un papel en una obra. Tengo que hacer de una rubia tonta y fea.

—¡Qué bueno! Sólo vas a tener que teñirte el pelo…

REPASO

En un set de filmación de películas pornográficas, una de las actrices está detrás de los decorados haciendo el amor con un utilero. Pasa un asistente de producción, los ve y se dirige con severidad a la mujer:

—Por favor, señorita, deje de repasar el guión que ya empezamos a filmar...

TRAMPA

Un hombre se presenta frente a un empresario circense.

—Tengo un acto con animales que es maravilloso. Un ratoncito toca el piano mientras un loro canta pop.

—Muy bueno —exclama el empresario. Luego se le acerca y le guiña el ojo—: ¿Tiene un truco, no?

—Sí, claro —dice el hombre—. En realidad, el loro no canta. Lo hace el ratón, que es ventrílocuo.

La bailarina de strip tease tenía una conducta recatada. Iba del hotel al teatro y del teatro al hotel. Y al final de la noche, del hotel a su casa.

Para saber si un actor está en su apogeo o en su decadencia basta con ver si quienes lo persiguen son sus fans o sus acreedores.

ACHICANDO GASTOS

Hablan dos productores de espectáculos teatrales.

—Ya no puedo montar obras con elencos grandes, sale muy caro y no puedo recuperar el dinero. Esta temporada pienso reducirme.

—¿Te vas a dedicar a montar unipersonales?

—No, contraté una troupe de enanos.

DE PURA SUERTE

Hablan dos bailarinas de espectáculos de cabaret.

—¿Conseguiste algún trabajo para la temporada?

—Sí, un productor de un teatro de revistas me vio en una discoteca y me contrató ahí mismo.

—¡Qué culo tienes!

—Eso fue justamente lo que me dijo.

La vida del actor se divide en dos partes: en la primera quiere que lo reconozcan en todos lados y en la segunda quiere que lo dejen tranquilo.

Parque Jurásico

Humor con animales

FRÍO CASTIGO

Una señora compra un loro en una pajarería, a pesar de la advertencia del vendedor de que era un pájaro que había aprendido muchas malas palabras. Lo lleva a la casa y apenas lo pone en la jaula, el loro comienza a decir palabrotas sin parar. La señora, como castigo por la mala conducta, lo saca de la jaula y lo mete en el refrigerador como castigo. Cuando se cierra la puerta, el loro ve que hay un pollo congelado.

—Bueno, veo que en esta casa no soy el único castigado.

BUENA PREGUNTA

En el Polo Norte, un osito le pregunta a su madre:

—Mamá, ¿yo soy un oso polar?

—Por supuesto.

—Pero, ¿soy un oso polar de verdad?

—Claro que sí. ¿Por qué me lo preguntas?

—¡Porque tengo mucho frío!

CON CUIDADO

Un ratón entra al ascensor que maneja un hipopótamo.

—¿Qué piso? —pregunta el hipopótamo.

—¡Mi cola! —contesta el ratón.

FALSA VISIÓN

Caperucita está caminando por el bosque y se enfrenta con el Lobo Feroz.

—Hola, Caperucita Verde.

—Hola, Lobo Daltónico.

CONVERSIÓN

Un misionero va por la selva cuando se ve frente a un terrible león dispuesto a saltar y devorarlo. El pobre hombre se arrodilla, pidiendo al Cielo.

—Oh, Señor, haz un milagro. ¡Te lo pido, que el león se convierta en cristiano!

De pronto, una luz baja de una nube y baña la cabeza del león. Este se detiene, mira hacia arriba y luego cae postrado con las manos juntas en señal de oración. Y dice:

—Señor, gracias por el alimento que me brindas...

ACCIDENTE

Un motociclista pasa a toda velocidad, se lleva por delante a un loro que cruzaba la calle, y este queda tirado en el pavimento, inconsciente. El motociclista, con remordimiento de conciencia, vuelve al lugar, levanta al loro y lo lleva a su casa. Le compra una jaulita, lo mete adentro y lo deja para que se recupere de su inconciencia. Unas horas después, el loro se despierta, mira los barrotes de la jaula y se agarra la cabeza.

—¡Estoy preso! ¡Qué horror, maté al motociclista!

CABALLO PARLANCHÍN

Un hombre tiene un desperfecto en su auto en plena ruta, en medio del campo. Se baja para ver qué problema tiene el motor, cuando siente una voz a sus espaldas.

—Es el carburador.

El hombre se da vuelta y ve que quien le habló es un caballo. Se asusta tanto que sale corriendo y no se detiene hasta llegar a una casita en donde hay un campesino.

—¡Señor, me sucedió algo asombroso! Se me detuvo el motor del auto, me bajé para arreglarlo y un caballo me dijo: "Es el carburador".

—¿Usted habla de un caballo blanco con manchas marrones?

—Sí, el mismo.

—No le haga caso, no sabe nada de mecánica.

BUENAS MIGAS

En el zoológico, un hombre ve que en la misma jaula hay un tigre y un chimpancé.

—¿Cómo puede ser que dos animales tan diferentes convivan juntos? —le pregunta al cuidador.

—Es que casi siempre se llevan bien.

—¿Nunca se pelean?

—A veces, sí.

—¿Y qué pasa cuando se pelean?

—Conseguimos otro chimpancé.

ENVIDIA

Tres mujeres, muy envidiosas entre sí, van por la selva. De pronto aparece un enorme gorila. Las mujeres huyen desesperadas, pero una cae en las garras de la bestia, quien enseguida comienza a violarla con ferocidad. Las otras dos, al ver esa escena, se detienen. Una, con rabia, exclama:

—¡No sé qué le vio ese animal a Lucía que no tenga yo!

MUCHO DINERO

Un hombre le comenta a su vecino que era dueño de un perro muy inteligente.

—Mire, yo le doy el dinero y este perro va al puesto de periódicos, me compra el diario y me lo trae.

El vecino, dudando de la cualidad del perro, decide probarlo un día que no está el dueño. Le da dinero y el perro sale a la calle. Pasa más de una hora y el perro no vuelve. Mientras lo espera llega el dueño del can.

—Su perro no es tan inteligente como me dijo. Hace una hora le di dinero para que comprara un periódico y todavía no ha vuelto.

—¿Cuánto dinero le dio?

—Diez dólares.

—Ah, bueno, cuando le dan mucho dinero en lugar de comprar el periódico se va al cine...

MILAGRO DE LA NATURALEZA

Un señor, dueño de un perro y un gato, llega a la casa y ve que su perro destrozó todos los sillones de la sala. Lo busca y comienza a darle una paliza descomunal. Tan grande es la golpiza que en un determinado momento el perro lo mira y le dice:

—¡Por favor, no me pegues más!

El hombre, al escuchar hablar al perro, sale despavorido de su casa seguido por su gato. A las dos cuadras se detiene jadeante y asustado y se dice:

—¡Jamás pensé que mi perro podía hablar...!

—Y yo tampoco... —dice el gato.

REACCIÓN DIFERIDA

En pleno invierno en la montaña se acerca una tortuga a la cueva del oso.

—¿Me permites quedarme en tu cueva durante el invierno?

El oso, por toda respuesta, le da una patada y la tortuga sale volando.

Pasa el invierno, pasa la primavera y en pleno verano la tortuga vuelve a la cueva del oso. Se le acerca a la enorme bestia y le dice:

—¿Por qué me pegaste?

¿Una hipoteca es una discoteca para hipopótamos?

EL SINDICATO YA DECIDIÓ: HASTA QUE NO ARREGLEMOS EL SEGURO CONTRA TODO RIESGO, NO SEGUIMOS EL EXPERIMENTO...
PARISSI

HABILIDOSO

En una oficina se aparece un perro con un periódico en la boca. Se para frente al jefe de recursos humanos, tira el periódico al suelo, lo desenrolla y con la pata señala un aviso que decía: "Necesitamos un empleado que sepa dactilografía, conozca programas de computación y hable varios idiomas. Igualdad de oportunidad, no importa raza, edad o sexo".

—Bueno —dice el hombre—, no pensamos precisamente en un perro.

El perro señala donde dice "igualdad de oportunidades".

—Está bien, pero hay que saber dactilografía.

El perro va a un escritorio, se sube a una silla, comienza a teclear y en pocos minutos tiene redactada una carta de negocios sin una falta de ortografía.

—Lo lamento, todo es correcto, pero el aspirante a este puesto debe saber varios idiomas.

El perro se le acerca al jefe de recursos humanos y le dice:

—Miau.

Se descubrió que las jirafas tienen el cuello tan largo para que pueda llegar hasta la cabeza.

TODO CASI IGUAL

Un loro vivía en un prostíbulo desde hacía muchos años. Este animal veía todo lo que ocurría en esa casa, por eso repetía.

—Las mismas mujeres, los mismos clientes. Las mismas mujeres, los mismos clientes...

Un día, el prostíbulo se cerró y dejaron al loro en esa casa, sin agua ni comida. Al cabo de un tiempo, el loro entro en un estado de inconciencia producto del hambre. Por suerte pasaron una monjas, lo vieron casi desmayado y se lo llevaron a vivir con ellas. Le dieron de comer y lo dejaron que se repusiera. Cuando el loro despertó, se sorprendió:

—¡Casa nueva! —exclamó. Luego vio a las monjas, y volvió a exclamar—: ¡Mujeres nuevas!

Enseguida vio a un grupo de sacerdotes que estaban de visita en ese convento, y dijo:

—Ah, los mismos clientes...

Un científico gallego inventó un veneno muy eficaz para las hormigas, pero fracasó: era inyectable.

El padrino

Humor sobre la ley y los delincuentes

SIN CULPA

El juez interroga a un acusado que había cambiado su declaración.

—¿Qué motivo lo llevó a cambiar su confesión?

—Es que mi abogado me convenció de mi inocencia.

ROBO AL LADRÓN

En una calle oscura, un asaltante se abalanza sobre un transeúnte.

—Vamos, rápido, deme todo su dinero.

—Oiga, no me puede hacer esto. Yo soy un diputado de la Nación.

—Bueno, vamos, rápido, devuélvame todo mi dinero.

FALLO EJEMPLAR

El juez dictamina en un caso de robo.

—Declaro que el acusado queda libre de culpa y cargo.

—¿Eso quiere decir que me puedo quedar con todo lo que robé?

ARDID CARCELARIO

Un ladrón está preso y es visitado por su esposa, que vive en el campo y tiene una pequeña huerta. En el locutorio, vigilado de cerca por un guardia, la mujer dice:

—Dime ¿crees que ya es tiempo que dé vuelta la tierra para plantar?

—No, ni se te ocurra —responde, y bajando la voz, pero no mucho, agrega—: Allí tengo escondidas las armas.

A la semana vuelve la esposa a visitarlo.

—¿Quieres creer que fue la policía y escarbó en todo el campo, pero no encontró arma alguna?

—Ah, qué bien. Ahora puedes plantar.

POCO ESTÉTICO

En un juicio, hace su alegato el fiscal:

—Miren al acusado, su mirada turbia, su frente estrecha, sus ojos hundidos, su nariz torcida, su apariencia siniestra…

El acusado se levanta, muy enojado.

—Su Señoría, ¿me van a juzgar por ladrón o por feo?

Una vez, Dios quiso hacerle juicio al Diablo por todas las tropelías que cometía en la Tierra, pero fracasó. No encontró en el Cielo ningún abogado para que atendiera el caso.

REPETIDO

El juez le pregunta a la mujer acusada de haber envenenado a su marido.

—¿No sintió remordimiento al envenenar la comida de su marido?

—La verdad que sí. Sobre todo cuando repitió.

DEMASIADA COBARDÍA

Un juez, haciendo una indagatoria sobre el asesinato de una mujer, le pregunta al yerno:

—¿Por qué no intervino cuando vio que un individuo mataba a palos a su suegra?

—Me pareció algo cobarde que dos hombres le pegaran a una mujer, su señoría.

VIGILANCIA

En una calle oscura, un hombre se acerca a otro con actitud temerosa.

—Disculpe, ¿no ha visto algún policía por esta zona?

—No he visto a ninguno —responde el otro.

—Bueno, entonces deme su billetera, su reloj y el anillo. Esto es un asalto...

DIVORCIO, YA

Una mujer, en el estudio de abogados:

—¿Cuál es la causa para que pida el divorcio de su marido?

—La infidelidad, doctor. Tengo la sospecha de que no es el padre de mi hijo.

ORIGINAL

Un hombre está caminando por una calle oscura. De entre las sombras se le aparece alguien, que le dice:

—Señor, ¿no podría ayudar a un pobre hombre que no tiene casa, ni ropa ni comida, ni nada a excepción de esta pistola?

Hay dos clases de abogados: los que conocen la ley y los que conocen al juez.

SOBRE LA MESA DE OPERACIONES

Tres cirujanos charlan sobre sus experiencias en el quirófano.

—A mí me gustan operar a los contadores. Los abres y tienen todo numerado —dice uno.

—No, prefiero a los bibliotecarios, tienen todas sus partes ordenadas alfabéticamente —dice el otro.

Y el tercero interviene:

—Los más fáciles de operar son los abogados, porque carecen de corazón y de riñones, y la cabeza y el culo son intercambiables.

LA FELICIDAD

Están hablando dos ladrones.

—Yo me dedico sólo a robar bancos.

—Yo no. Robo bancos pero también joyerías y galerías de arte. ¿Sabes lo que pasa? Para mí el dinero, solo, no hace la felicidad.

PALABRAS FINALES

Una mujer muere asesinada y el inspector interroga a su marido, quien estaba cuando la mataron.

—¿Su mujer dijo algo antes de morir?

—Sí, antes de morir estuvo hablando cuarenta años seguidos.

REO INTELIGENTE

El reo, a punto de ser ejecutado, recibe la clásica pregunta:

—¿Cuál es su último deseo?

—No estar presente en la ejecución.

NOMBRE SAGRADO

Un ladrón enmascarado entra al dormitorio de un matrimonio para asaltarlo. Cuando lo está haciendo, se le cae la máscara y descubre su rostro.

—Como vieron mi cara, no me puedo arriesgar a que me reconozcan. Voy a tener que matarlos.

El marido abraza a su mujer.

—¡No, a Florencia no la mate!

El ladrón recibe el nombre con emoción.

—Se llama Florencia, como mi madre. No la puedo matar... —dice. Luego encara al hombre—: Lo voy a matar a usted solo. Pero, antes de morir, dígame su nombre.

—Me llamo Carlos, pero en el barrio me dicen Florencia.

PASTILLAS

Un hombre entra a una farmacia.

—¿Tiene pastillas para los nervios?

—Sí.

—Vaya tomándose un par, porque esto es un asalto.

LOS LADRONES

Dos ladrones, uno bueno y otro muy malo, estaban haciendo un boquete desde la casa vecina a una joyería para robar. Cuando lo terminaron, el ladrón malo empujó al otro ladrón.

—¡Déjame entrar primero a mí, que soy el jefe!

Del otro lado, el vigilante nocturno se percató que estaban haciendo el boquete y se quedó a un costado, esperando que alguien asomara la cabeza. Cuando se asomó el ladrón malo, el vigilante le dio tal mamporro en la boca que le bajó varios dientes. El ladrón malo se tomó la boca con una mano, muerto de dolor, y volvió hacia donde estaba el otro ladrón. Sin sacarse la mano de la boca, le dijo:

—Pasa tú, que yo estoy tentado de la risa...

ARREBATADOR

En una casa de gran pobreza, la mujer le dice al marido:

—Mi amor, ve hasta el supermercado y tráeme jamón crudo y caviar.

—¿Cómo crees que voy a traer todo eso?

—¿Cómo? Sin que te vean.

Los abogados dicen que todo hombre es inocente hasta que se pruebe que no tiene un solo peso más.

Tonto y retonto

Humor minimalista, absurdo y de formas populares

LECTURA AL TACTO

Entra un ciego en la cocina, toma un rallador, le pasa las yemas de sus dedos, y exclama:

—¡Pero, quién fue el imbécil que escribió esta tontería!

CIENCIA GALLEGA

En la plaza del pueblo gallego pasa el pregonero diciendo:

—Mañana se lanzará un cohete desde Lepe a la Luna, en el cual irá nuestro amigo Luis.

Toda la gente emocionada espera al día siguiente, mientras tanto Luis habla con su mujer:

—María, por favor, me lo he pensado mejor y preferiría que fueses tú en mi lugar. ¡Yo tengo mucho miedo!

—Pero, Luis, todos sabrán que tú no eres el que va.

—Pero, no, María. Con el traje de astronauta nadie se dará cuenta del cambiazo.

María, por el amor que le tenía a Luis, acepta, y al día siguiente va a la plaza del pueblo, se dirige hacia el cohete, se mete dentro, hacen la cuenta regresiva y lo disparan hacia la Luna. Pero, apenas avanza un poco, se viene abajo. Los médicos gallegos llegan al lugar del siniestro, sacan al astronauta, lo ponen en una ambulancia y se lo llevan al hospital. Horas más tarde, María se despierta y encuentra a un médico empujándole los pechos hacia abajo. Asustada y sin entender nada de lo que pasa, pregunta:

—Oiga, ¿qué me está haciendo?

—No te preocupes, Luis —le dice el médico mientras sigue tratando de moverle los pechos—, aunque el pito no te lo hemos encontrado la herida de la entrepierna ya te la hemos cosido. Pero, te digo: ¡las pelotas te las pongo de nuevo en su sitio o dejo de ser médico!

UBICACIÓN

—Manuela, ¿en qué pie va este zapato?
—En el derecho, Pepe.
—¿Y el otro?

POCAS LUCES

En una reunión se juntan varias personas a contar chistes. Uno de ellos dice:

—Le voy a contar un chiste de gallegos. Divertidísimo.

Uno de los presentes lo interrumpe:

—Por favor, señor, no lo cuente. Yo soy gallego.

—No hay problema. Después se lo explicamos.

HALLAZGO

Un hombre, en un autobús repleto, grita:

—¿Alguien perdió una bolsa de papel con cien pesos adentro?

Se escucha una voz que dice:

—Es mía.

—¡Mire, qué cosa! Encontré la bolsa vacía.

ROBO EVIDENTE

Un grupo de gallegos, copiando a los ingleses y al robo del siglo, roban un tren.

—¡Lo hemos logrado, Pepe! ¡Hemos dado el golpe del siglo! ¡Ahora debemos festejarlo!

—No tanto apuro, no tanto apuro. Primero decidamos dónde escondemos el tren. Después el festejo.

ELEMENTO IMPRESCINDIBLE

En una clase de francés, el profesor pregunta:
—¿Que diferencia a *mademoiselle* de *madame*?
—*Monsieur*, profesor.

GOLPE REFLEJO

Un hombre llega al consultorio del médico con un hacha clavada en la cabeza.
—Doctor, vengo a que me examine los testículos.
—¿Cómo, los testículos? ¿Con el hacha no le pasa nada?
— Claro, doctor, ese el motivo: cada vez que estornudo me doy con el mango en la entrepierna.

CLASE ÚNICA

Frente a sus alumnos está hablando un profesor de una escuela de kamikazes.
—Presten atención porque esto voy a hacerlo una sola vez...

COMUNICACIONES

Suena el teléfono.
—Hola, ¿hablo con José María?
—No, yo soy María José.
—Ah, disculpe, marqué el número al revés.

DESGRACIA

Se encuentran dos amigos.
—Hola, ¿cómo andan tus cosas?
—Mal, murió mi mamá.
—¡Oh, qué pena...! ¿Qué tenía?
—Un piso pequeño y un auto viejo...

BODA

Dos mujeres están charlando.

—Mi hija se casó la semana pasada con un piloto italiano.

—¿Llovía mucho ese día?

PROTECCIÓN

En la sala de hemoterapia.

—Hoy me van a hacer una nueva transfusión de sangre.

—¿No tiene miedo de contagiarse el HIV?

—Para nada. Cuando me hagan la transfusión me pongo un preservativo.

MUCHEDUMBRE

Un granito de arena es traído por las olas hacia una playa. Mira para todos lados, asombrado, y se dirige al granito que tiene al lado:

—Dime, ¿por qué es la manifestación?

EXTRAVIADO

—Un portugués y un gallego se arrojan desde el piso 67 de un edificio, ¿quién llega primero al suelo?

—No sé.

—Sin duda el portugués. El gallego siempre se pierde en el camino.

Era tan tonto que corría todas las tardes alrededor de la facultad de Derecho porque quería hacer una carrera universitaria.

Superman, Batman y otros superhéroes

Humor sobre engreídos y exagerados

BIEN HOMBRE

Se produce un campeonato mundial de inteligencia infantil en la que intervienen bebés de menos de un año. Quedan como finalistas un inglés, una francesa y un mexicano. El jurado le hace una pregunta al inglesito:

—¿Tú eres niño o niña?

—Soy niño —contesta el bebé.

—¿Cómo lo sabes? —insiste el jurado.

—Porque tengo calcetines celestes.

Luego le preguntan a la francesita:

—¿Tú crcs niño o niña?

—Niña.

—¿Cómo lo sabes?

—Porque tengo calcetines color rosa.

Por último le pregunta al mexicanito:

—¿Tú eres niño o niña?

—Vea, señor, yo soy bien, pero bien niño.

—¿Cómo lo sabes?

—¡Porque tengo unos testículos tan grandes que no me dejan ver los calcetines!

La crisis en la Argentina es tan grande, que los argentinos ya no son pedantes. Ahora son sólo orgullosos.

OMNIPOTENTE

Charla un hombre con un argentino, al que le comenta:

—¡Qué hermoso día! ¡Es un día realmente espléndido!

—Muchas gracias. Se hace lo que se puede.

O MAIS GRANDE

Un turista en Río, a punto de regresar a su país, va a una farmacia.

—Por favor, un rollo de tela adhesiva.

El vendedor vuelve con un enorme rollo.

—¿No es muy grande?

—En Brasil tenemos los rollos mais grandes do mundo. ¿Algo más?

—Sí, aspirinas.

El vendedor vuelve con unas aspirinas del tamaño de un disco compacto.

—¡Son así de grandes!

—En Brasil las aspirinas son las mais grandes do mundo. ¿Algo más?

—No, nada más. Los supositorios los compro en mi país...

Status:
Un argentino accede a hablar con Dios, pero con una condición, que sea de igual a igual.

JUEGO RECIO

En un campeonato de fútbol del mundo animal juegan las selecciones de hormigas argentinas contra la de elefantes africanos. Al promediar el segundo tiempo, en una acción violenta, un elefante metió exageradamente una pata para frenar el avance de una hormiga argentina y la enterró en el suelo. Preocupado, el elefante ayudó a la hormiga a salir del pozo y, mientras le sacudía el polvo, le dijo:

—¿Estás bien, hormiguita? Discúlpame, casi te aplasto.

—No te preocupes. Si eras vos el que avanzaba, yo hubiera hecho lo mismo.

LONGEVOS

Un curandero, junto con un niño ayudante, va por los pueblos vendiendo un exilir de la vida. Para hacer propaganda al producto, dice que él lo toma y tiene 150 años. La gente, entusiasmada, le compra el elixir, salvo algunos que desconfían de la palabra del curandero. Uno de ellos se acerca al niño, para sonsacarle la verdad:

—¿Es cierto que tu patrón tiene 150 años?

—No sabría decirle. Sólo hace 90 años que estoy trabajando con él.

IDENTIDAD ARGENTINA

Un argentino, que llevaba casi veinte años viviendo en La Coruña, decide visitar a un psicoanalista.

—Mire, doctor, lo mío es muy grave. Creo que perdí la identidad de argentino y siento que soy gallego.

—¿Cómo le afecta eso?

—Me afecta muchísimo. Cuando escucho un tango me paro para bailar y termino bailando una jota. Si tengo ganas de comer asado le pido al mozo que me sirva una paella. Cuando quiero...

—No siga, eso se cura fácilmente.

—¿De qué manera?

—Hipnotizándolo. Lo haré volver a su identidad de argentino.

—Hágalo, doctor. No sabe cuánto le reconoceré sus aptitudes para curarme. Gracias, muchísimas gracias...

Media hora después, el médico lo saca de su estado hipnótico

—Veamos —dice el médico—, ¿se siente usted bien ahora?

—¿Y a vos qué te importa, gallego estúpido?

Mi humildad no me permite decir que soy perfecto.

LORO IMPORTANTE

Un hombre en una pajarería.

—Quiero comprar un loro.

—Tengo tres para ofrecerle. Este, que es francés y estudió en la Sorbona, sabe mucho de economía, pinta, es escultor y protagonizó películas muy importantes. Cuesta 4000 dólares.

—¿Y este otro?

—Es norteamericano, sabe siete idiomas, tiene experiencia en ingeniería hidráulica, maneja computadoras y puede arreglar cualquier tipo de aparato electrónico. Cuesta 3000 dólares. —¿Y este último, tan flaquito, medio negrito y tan desplumado?

—¡Ah! Este lorito es muy especial, es argentino y cuesta 10.000 dólares.

—¿10.000 dólares? ¡La cantidad de cosas que sabrá hacer este lorito argentino!

—Yo no sé qué sabe hacer, pero debe ser muy bueno porque los otros le dicen jefe.

Días de vino y rosas

Humor sobre estados etílicos

MUJER BONITA

El hombre, muy borracho, llegó de madrugada a su casa y encontró que su mujer le había cerrado la puerta con la traba.

—¡Déjame entrar, querida! —suplicó el hombre.

—¡Te vas a quedar afuera toda la noche!

El borracho pensó una estrategia para vencer la resistencia de su esposa.

—Abre, mi amor. Traigo un regalo para la mujer más linda de la ciudad.

La mujer se enterneció y sacó la traba de la puerta. Pero apenas entró se dio cuenta de que no traía nada en sus manos.

—¿Y el regalo?

—¿Y la mujer más linda?

DOMICILIO

Dos hombres, muy pasados de alcohol, salen de un bar a pedido del dueño, que quería cerrar.

—¿Qué le parece si vamos a tomarnos unas copas a mi casa? —propone uno.

—Mejor vamos a la mía —dice el otro.

—Vamos a mi casa que está en la esquina.

—Mi casa también está en la esquina.

—No, esa de la esquina es mi casa —dice uno.

—No discuta. Es la mía —responde el otro.

—Vea, le probaré que en esa casa vivo yo.

Se acerca a la puerta y toca el timbre. Sale una mujer en salto de cama, medio dormida y enojada. Pone los brazos en jarra.

—¡Qué bonito! ¡Padre e hijo borrachos!

BEBEDOR EMPEDERNIDO

Dos borrachos están en un bar charlando.

—¿Sabes que murió el más grande bebedor que hemos conocido?

—¿A quién te refieres?

— A Joaquín. Nunca vi un borracho más grande que él.

—Bueno, no bebía tanto...

—¿Qué no bebía tanto? ¡Fíjate que lo han cremado hace tres días y aún sigue ardiendo!

El vino tiene más sabor cuanto más viejo.
Es verdad, a medida que tengo más edad, mejor gusto le encuentro.

CONDUCTOR

Un policía de tránsito detiene a un conductor algo alcoholizado que manejaba de contramano.

—¿Acaso no vio la flecha?

—La verdad que no vi ni a los indios, ¿cómo quiere que vea la flecha?

EL SEÑOR DE LA CASA

Dos amigos se pasan de copas y a la madrugada uno de ellos decide volver a su casa.

—Quedémonos un rato más.

—No, que mi mujer me mata...

—Bah, tienes que imponerte. La llamas por teléfono y le dices que te quedas a beber hasta que te plazca.

—No me animo.

El amigo saca su teléfono celular.

—Te voy a demostrar cómo se hace—. Disca y cuando atienden, dice—: Escúchame bien, estoy con un amigo tomando una copas. Voy a volver a casa cuando se me antoje, así que no me esperes a dormir.

El otro lo mira con admiración.

—Yo jamás me atrevería a decirle eso a mi esposa.

—Yo tampoco. Llamé a la tuya.

MAL PASO

Un hombre muy borracho va caminado con un pie en la acera y otro en la calle. Lo hace con extrema dificultad hasta que en un momento se detiene, mira hacia el piso y ve en dónde tiene cada pie.

—Ah, qué suerte. ¡Pensé que me había quedado rengo...!

SI CONDUCE, NO BEBA

Entra tres hombres muy borrachos a un bar. El primero, como puede, se acerca a la barra.

—Un whisky doble, por favor.

El segundo llega trastabillando y dice, con dificultad:

—Para mí también otro whisky.

El tercero, mucho más alcoholizado, intenta llegar a la barra, pero se derrumba boca abajo antes de lograr pedir nada. El primer borracho, señalando al caído, le dice al barman:

—A este no le sirva nada. Es el que maneja.

CURA DEFINITIVA

Luego de mucho tiempo, se encuentran dos amigos de antiguas borracheras.

—Yo dejé de tomar gracias a mi mujer.

—¿Qué hizo?

—Nada. Me volví abstemio para no tener que verla dos veces.

PROMESA CUMPLIDA

El esposo llega muy borracho a la casa. Su mujer le recrimina:

—¡Me habías prometido no poner un pie en el bar!

—Y lo cumplí, mi amor. Entré arrastrándome y me sacaron cargado.

SUPER

Se encuentran dos amigos luego de haber pasado la noche anterior bebiendo y de juerga con mujeres.

—¿Llegaste bien a tu casa?

—Llegué como Superman.

—¿Cómo Superman? ¿Volando?

—No, con los calzoncillos encima del pantalón.

PEDIDO

Un borracho sale de tomar varias copas en el bar de un lujoso hotel. En la puerta se tropieza con un almirante, al que confunde con el portero.

—Portero, consígame un taxi.

—Yo no soy el portero, soy un almirante —dice el oficial.

—Bueno, entonces consígame un barco…

EN BUEN CAMINO

Un borracho se le acerca un policía.

—Dígame, oficial, ¿cuántos golpes tengo en la cara?

El policía lo observa y cuenta.

—Yo le veo cuatro golpes.

—Ah, entonces me faltan tres postes más para llegar a mi casa....

ERROR

Se muere un amigo de juergas y borracheras. Varios de sus borrachos amigos van al cementerio a presenciar su entierro. Llegan y encuentran que en la tumba hay un pastor hablando:

—Hoy despedimos a este hombre, buen padre de familia, íntegro y trabajador...

Uno de los borrachos dice:

—Vamos, muchachos, nos equivocamos de entierro.

IDENTIDAD

Un conductor, muy alcoholizado, es detenido por un policía.

—Señor, deme su nombre y apellido.

—¿Está loco? ¿Y cómo van a hacer en adelante para llamarme?

DIFERENTES BEBIDAS

Dos amigos, completamente borrachos, salen de un bar.

—¿Qué te parece si nos tomamos un remise?

—No, no. Mejor, no mezclemos.

LLEVARLO PUESTO

Un campesino llega a una provisión del pueblo, donde casi todas las compras eran a granel.

—Voy a comprar cinco litros de vino.

—¿Trajo el envase?

—Está hablando con él.

MUCHEDUMBRE

Un borracho sale del bar. Camina trastabillando y sin mucho tino. Choca contra un poste telefónico y cae. Se levanta y cuando vuelve a caminar choca contra una columna de alumbrado. Se reincorpora, da dos pasos y choca contra un semáforo. Decide no levantarse de nuevo.

—Bueno, voy a esperar que pase la manifestación y luego sigo…

El alcohol acorta tus días. ¡Pero cómo alarga tus noches!

GRESCA

El hombre llega de madrugada a su casa, con muchas copas encima y con la cara llena de marcas de rouge.

—¿Borracho y con la cara pintada? ¿Qué explicación le das a eso? —le recrimina su esposa.

—No me vas a creer. Tuve una tremenda pelea con un payaso.

EL ÚLTIMO TREN

Tres borrachos llegan corriendo y tambaleando a la estación en el momento en que el tren está por arrancar. Uno de ellos se toma del pasamanos y logra trepar. El segundo, con gran esfuerzo, también puede poner pie en el tren. El tercero, el más borracho de todos, no logra subir. Un hombre que los observa, le dice al que quedó de a pie:

—Bueno, por lo menos dos de tres pudieron tomar el tren. Para el estado etílico que tienen ustedes es un buen promedio.

—No crea. El que tenía que tomarlo era yo. Mis amigos venían a despedirme…

ACOMPAÑAMIENTO

Un borracho está cantando a voz en cuello en plena vía pública. Se le acerca un policía.

—Señor, va a tener que acompañarme.

—Con gusto. Pero, antes dígame qué instrumento toca usted.

TRES RAZONES

En una fiesta, un hombre totalmente borracho escucha que ponen música. Gira su cabeza y dice:

—Señora, ¿me permite esta pieza?

—Señor, no le acepto el ofrecimiento por tres razones. Primero, porque usted está muy borracho. Segundo, porque están tocando el Himno Nacional. Y tercero, porque yo soy el cura de la parroquia.

FÚNEBRE

El hombre llega a su casa, como siempre, muy borracho. Su esposa, cansada y al borde de la desesperación, le dice:

—¡Otra vez borracho! ¡No aguanto más tu vida! ¡Me vas a enterrar, me vas a enterrar...!

—Qué más quisiera yo, pero no ahora. Con la borrachera que tengo, no me voy a poner a cavar una fosa...

CEDIENDO EL MANDO

Un policía detiene a un conductor muy ebrio.

—¿Me da su permiso para conducir? —le dice el agente.

El borracho se corre hacia el asiento del acompañante.

—Cómo no. Conduzca.

BEBEDOR INCORREGIBLE

Llega un borracho algo inconsciente a la guardia de un hospital con un pico de presión muy alto. Uno de los que está allí sugiere:

—Hay que hacerle una sangría urgente.

El borracho abre un ojo y pide, con un hilo de voz:

—Que sea con bastante limón...

OTRO RECORRIDO

Sube un hombre muy borracho a un autobús. Cuando va a pagar, un evangelista que se encuentra en el pasaje le grita:

—¡Usted va a ir derecho al Infierno!

El borracho retrocede y baja apresuradamente.

—¡Maldita sea, me equivoqué de autobús!

UNO POR OTRO

Un hombre, que vivía borracho de la mañana a la noche, regresa del bar e intenta abrir la puerta de calle sin lograrlo. Pasa un amigo, lo ve en la tarea y se acerca.

—Pero, hermano, ¿cómo pretendes abrir la puerta con un supositorio?

—¡Diablos! ¿Qué fue lo que me puse esta mañana?

BEBIDA COMPARTIDA

Un hombre en un bar.

—Mozo, tráigame cinco botellas de whisky.

El mozo lo mira con un gesto de asombro e incredulidad.

—¡¿Todas para usted?!

—No, no se asuste —aclara el hombre—. Estoy esperando a un amigo...

ALTAS HORAS

Un hombre llega a la casa muy de madrugada y completamente borracho. Le abre su mujer, indignada:

—¿Qué es esto de llegar a esta hora del bar?

—Yo no tengo la culpa. Tenían que cerrar y me echaron.

AMIGOS SON LOS AMIGOS

Dos viejos borrachos están de vacaciones esquiando en los Alpes Suizos. De pronto los sorprende un alud de nieve y quedan casi enterrados sin poder moverse. Pasan las horas, hasta que se les acerca un San Bernardo con un pequeño tonel de coñac en su cuello.

—¡Mira qué suerte! ¡Ahí viene el mejor amigo del hombre!

—¡Y viene con un perro!

Pan, amor y fantasía

Humor erótico

SEXO MÁGICO

En una discoteca, se acerca un joven a una chica y le dice:

—Hola, linda. ¿No quieres que vayamos a mi casa, así te demuestro cómo hago magia?

—¿Qué clase de magia? —responde ella

—La magia común y corriente. Echo unos polvos y luego desaparezco.

DESGRACIA CON SUERTE

Un hombre va al bar a ver a sus amigos.

—¿No te enteraste? Juan llegó a la casa hoy por la tarde y encontró a su mujer con otro hombre. Sacó un revólver, los mató a los dos y luego se suicidó.

—Pero, ¡qué suerte!

—¿Cómo qué suerte? ¡Fue una tragedia!

—No, digo que es una suerte que fuera hoy, porque si hubiera sido ayer yo sería el muerto.

SEXO ORAL

El novio le dice a la novia.

—Por favor, desprende un botón de tu blusa.

—Ah, no…

—Sí, sí…

—Bueno, está bien —la joven se desprende un botón.

—Ahora otro más, que se te vea tu ropa interior.

—¡Noooo!

—Sí, sí…

—Está bien, pero no más —dice y se desprende otro botón.

—Mi amor, despréndete otro botón. El último.

—¡No!

—Sí, sí… El último…

—¡Te dije que no, y es no! Y si sigues insistiendo, ¡cuelgo el teléfono!

¿CELOS NORMALES?

El novio, a punto de casarse, le advierte a su novia:

—Querida, te prevengo que soy muy celoso. Soy celoso, incluso, aunque no tenga razones.

—No te hagas problemas por eso, mi amor. Nunca dejaré que te falten razones.

EDAD TERRIBLE

Un automovilista recoge en la ruta a una jovencita que está haciendo auto stop. Ella comienza a insinuársele y el hombre la invita a un hotel. Antes de llegar al hotel, el hombre le pregunta la edad.

—Tengo trece años —dice la chica.

—¡Trece años! ¡Oh, por Dios, qué iba a hacer! ¡Bájate inmediatamente del auto!

El hombre detiene el auto, le abre la puerta, la saca y arranca despavorido. La jovencita hace un gesto de disgusto.

—¡Vaya, otro supersticioso!

SOUVENIR

Una mujer tiene que viajar a Italia para asistir a un congreso y le pregunta al marido qué quiere que le traiga de ese país. El hombre, haciéndose el vivo, le dice:

—Tráeme una hermosa italianita.

La mujer se va y regresa a los veinte días. Cuando entra a su casa, el marido vuelve a sentirse gracioso y le pregunta:

—¿Y, querida? ¿Me trajiste la hermosa italianita?

—Hice lo que pude. Sólo hay que esperar nueve meses para ver si es niña.

SIN PROBLEMAS

Una mujer casada está con su amante en la cama. De pronto, suena el teléfono. Atiende, habla unas palabras y luego cuelga.

—¿Quién era? —pregunta su amante.

—Mi esposo.

—¿Viene para aquí? —se sobresalta el hombre.

—No, cariño, tenemos todo el tiempo del mundo. Me llamó para avisarme que se iba a tomar unas cervezas contigo.

MAL TIPO

En el mismo bar, dos hombres están recordando viejos amigos.

—¿Te acuerdas de Enrique, el que jugaba al tenis contigo?

—Sí, me acuerdo, pero ya no jugamos más.

—¿Por qué?

—Escúchame: ¿tú jugarías al tenis con una persona que te estafó 10.000 dólares y que encima se fugó con tu mujer?

—¡Yo no!

—Enrique tampoco.

DEPÓSITO Y EXTRACCIÓN

En un restaurante árabe, una odalisca realiza la famosa y sensual danza del vientre. Cuando pasa por una mesa en la que están dos árabes y un judío, uno de los árabes saca cien dólares y se los coloca en su cinturón, sobre una de las nalgas. El otro árabe también toma un billete de cien dólares y se lo coloca encima de la otra nalga. El judío mete la mano en la billetera, saca la tarjeta de crédito, la pasa por el medio de las dos nalgas y dice:

—Retiro doscientos dólares.

ENCAMADA

Dos compañeras de oficina están hablando. Una tercera entra a mitad de la conversación.

—No te imaginas lo que fue la semana pasada —le está diciendo una compañera a la otra—. ¡Me llevó a la cama cuatro días seguidos! Me hizo temblar como una hoja al viento, tomó posesión todo mi cuerpo, me sacudió, transpiré como una loca... Terminé tan agotada que ni me podía poner en pie.

La tercera abre los ojos y exclama, con voz temblorosa y excitada:

—¡Qué impresionante! ¡Dime ya quién es ese hombre!

—¿Qué hombre? Le estoy contando de mi gripe...

TOCADOR

En el entreacto de la función una elegante señora se dirige a un caballero y le pregunta:

—Señor, ¿podría indicarme dónde se encuentra el tocador de damas?

El hombre, muy pícaro, le responde:

—Aquí mismo. Soy yo, para servirla.

La dama no se queda atrás y le replica:

—¿Con esa cara?

—No, con estas manos.

SOLEDAD PELIGROSA

Un grupo de turistas visita los cerrados bosques en un tour de viaje. Al caer la tarde, un hombre y una mujer se pierden del resto y no encuentran el camino de regreso. Viendo lo aislado del lugar, la mujer, con cara de ensoñación, le dice al hombre:

—¡Qué calma, qué soledad...! Estoy segura de que si un individuo tuviera malas intenciones y quisiera abusar sexualmente de una mujer, ella podría estar horas enteras pidiendo ayuda y nadie acudiría...

El hombre, que sigue buscando el camino de regreso, no se da por enterado del comentario.

—Repito —dice la mujer, marcando las palabras—, estoy segura de que si un individuo tuviera malas intenciones...

FORRADA

Un hombre le comenta a otro:

—¿No habrá un método de protección más cómodo y seguro que los preservativos?

El otro piensa un momento, y le dice:

—¿No probaste en plastificártela?

LA PUNTITA, NADA MÁS

Dentro de un auto, un joven trata de convencer a su pareja para que se deje hacer el amor. La chica se niega, pero él le ruega, le insiste y pide por lo que más quiera que se deje. Para convencerla, el joven le dice:

—¡Vamos, mi amor, sólo te pido que me dejes ponerte la puntita!

Tanto insiste que la chica termina aceptando, pero le pone una condición:

—Bueno, pero prométeme que sólo me vas a meter la puntita...

—Te lo prometo —dice el joven, jurando con los dedos.

La novia acepta y se baja la bombachita. El joven, que la tiene chiquita y está demasiado excitado, la introduce toda de una sola vez. Al sentirla, la chica empieza a gozar como loca. Se entusiasma tanto, que se pone a gritar:

—¡Ahora la quiero toda! ¡La quiero toda!

El novio, algo avergonzado de su tamaño pero tratando de salvar su orgullo, le contesta:

—¡Eso sí que no! Promesas son promesas...

La medida ideal del pene es la menor diferencia que hay entre lo que uno dice que mide y lo que mide realmente.

LAZOS FAMILIARES

Una chica tiene un romance prolongado con un joven. Incluso, el muchacho se queda a dormir en la casa de ella. A la mañana, la madre le pregunta a la chica:

—Dime, nena, ¿cuándo te piensas casar?

—Y, no sé, mamá... No sé si me caso o no me caso. Estoy en la duda...

La madre se va a la cocina, y al pasar por el baño ve al novio, que se está bañando con la puerta abierta. Ahí descubre que tiene unos genitales enormes. Presurosa, vuelva a dónde está la hija y le dice, medio sofocada:

—Mira, hija, yo no sé si te vas a casar o no, ¡pero ese chico se queda en la familia!

PARA APLACAR A LOS DIOSES

En una isla del Pacífico, ahora transformada en un lugar turístico de diversión y vacaciones, lo cual cambió la moral y las costumbres de sus jóvenes, comienzan a sentirse los ruidos de un volcán. El jefe de la tribu aborigen llama al brujo y le pregunta:

—¿Cómo hay que hacer para aplacar la furia de los dioses?

—Nuestros antepasados sacrificaban una virgen para que los dioses se calmaran. Habría que conseguir una para el ritual.

—¿Con el sacrificio de una virgen se calman? —dice el jefe.

—Sí, te lo aseguro. Sólo tienes que elegir una y haremos la ceremonia.

El jefe piensa unos minutos. Luego, dice:

—Me parece que vamos a tener que acostumbrarnos al ruido.

PIROPO

Una chica muy linda va caminando. Se le acerca un galán y le dice:

—Te daría un besito en el lugar que más placer te dé.

—Entonces vas a tener que besarle el pene a mi novio.

HORARIO DE DESCANSO

La mujer del ejecutivo entra por sorpresa a la oficina del marido y ve que tiene a su secretaria sentada en la falda.

—¡Arturo! ¿Qué hace tu secretaria sentada ahí?

—Ahora, absolutamente nada, querida. Pero, no sabes lo que puede llegar a hacer de rodillas…

EN LA VARIACIÓN ESTÁ EL GUSTO

Un matrimonio está visitando la Exposición Rural y se detienen frente a los grandes toros. Allí charlan con uno de los cuidadores.

—¿Son buenos reproductores? —pregunta la mujer.

—Oh, sí, estos son capaces de servir muchas veces en la semana —le responde el cuidador.

La mujer mira a su marido.

—¿Qué me dices, viejo? ¡Varias veces en la semana! Estos sí que son campeones y no como tú...

El marido busca auxilio en el cuidador, y le dice:

—Señor, aclárele a mi mujer que son eficientes porque siempre lo hacen con una vaca distinta.

ESPÍRITU FORNICADOR

En un pueblo del interior una chica quedó embarazada de forma misteriosa. Según la superstición del lugar, hay un espíritu que embaraza a las mujeres sin que ellas se den cuenta.

—Yo no creo en espíritus —dice la mujer del comisario del pueblo a otras mujeres—. Si ella dice que no sintió nada, seguro que la embarazó mi marido.

BRUTÍSIMO

Se encuentran dos amigas.

—¿Sigues de novia con el camionero?

—No, rompí con él, era muy torpe. Un día yo estaba muy cariñosa y le dije: "Hazme el amor hasta que pierda el sentido". Entonces, me hizo el amor y después me desmayó a trompadas.

FELIZ

Un hombre a otro:

—Acabo de contratar a un detective para que siga a mi mujer.

—¿Por qué? Si tu mujer es una persona amistosa, agradable, a la que siempre se la ve feliz…

—Justamente. Quiero saber quién es el responsable de esa felicidad.

TRABAJANDO EN LA ESQUINA

Un policía realizaba su ronda normal, y en una esquina se encuentra con una prostituta muy joven. En un tono paternal, le dice:

—¿Qué diría tu madre si te viera aquí?

La prostituta contesta:

—¡Me mataría, porque esta es su esquina!

¿QUIÉN ES MEJOR?

Dos chicos están discutiendo.

—Mi hermano es mejor que el tuyo.

—No, mi hermano es mejor.

—Y mi papá es mejor que el tuyo.

—No, nene, mi papá es mejor que el tuyo.

—Y mi mamá es mejor que la tuya.

—Ahí tienes razón. Mi papá dice lo mismo...

NOCHE CALIENTE

El hombre va a hablar con el conserje del hotel.

—Anoche, en la habitación de al lado, se sentía unos jadeos que excitaban hasta a un muerto. Mi mujer se entusiasmó tanto que tuve que hacerle el amor tres veces, y hoy estoy destruido.

—¿En la habitación de al lado? Ah, es la pieza del asmático...

SENSIBLE

En el hotel, el hombre le pregunta a su pareja:

—Mi amor, ¿por qué cuando hacemos el amor te la pasas estornudando?

—Querido, tú sabes lo alérgica que soy al polvo.

AMIGAS INSEPARABLES

Una muchacha pasa todo el día con su novio en un parque, y al llegar a su casa escribe en su diario: «Querido Diario: Hoy estuve con mi novio en el parque, nos besamos, no acariciamos, y él me hizo proposiciones indecentes, pero corrí y me puse a salvo. Mis piernas son mis mejores amigas...».

Al día siguiente, va con el novio a bailar y cuando vuelve escribe en su diario: «Querido Diario: Hoy estuve con mi novio en un baile, la pasamos muy bien, nos besamos, nos acariciamos, él me hizo proposiciones indecentes, pero corrí y logré salvarme de esa situación. Mis piernas son mis mejores amigas..».

Al otro día, se va con el novio al departamento de este, y en su diario escribe: «Querido Diario: Hoy estuve con mi novio en su departamento, nos besamos, nos acariciamos y él me hizo proposiciones indecentes. Ahí me di cuenta que hasta las mejores amigas se separan...».

MANUAL

—Vengo a pedirle la mano de su hija —dice el novio.

—¿Te quieres casar con ella tan pronto? —pregunta el suegro.

—Por ahora, no. Sólo quiero que me masturbe.

GUSTOS

Dos tipos, en el bar.

—¿Qué es lo que más te gusta de una mujer?

—A mí las piernas.

—Qué raro, a mí no.

—Vamos, no me digas que no te gustan las piernas...

—Para nada. Te digo más: es lo primero que aparto.

EL HOMBRE MONO

Un matrimonio mayor está en la cama. El hombre, muy cariñoso, se le acerca a su esposa.

—Querida, hoy me siento un Tarzán.

—Ya lo creo. La tienes tan flexible como una liana.

DINERO Y AMOR

Dos jóvenes prostitutas de alto nivel charlan en el lobby de un hotel.

—Tú qué prefieres, ¿un marido que te dé millones o un marido que te dé sexo?

—Que me dé millones, por supuesto. El sexo viene después, porque el que posee millones siempre tiene un chofer disponible.

MUJERES QUE TRABAJAN

Un hombre va a un departamento de prostitutas cuya dirección sacó de un aviso del diario. Pide una mujer y cuando esta aparece se da cuenta, con gran sorpresa, que quien lo va a atender es su propia esposa.

—¡¿Qué haces en este lugar, prostituta?!— le grita el hombre.

—¡Mira quién habla! Yo me deslomo trabajando para que el señor se gaste toda la plata en prostíbulos, ¡y encima se enoja!

PARADO

En un balneario de moda hay dos chicas conversando sobre conquistas.

—Anoche conocí a un chico con una estampa de galán de cine. Me invitó a pasear en su convertible a un lugar solitario. En determinado momento me dijo que se le paró el automóvil, y tuvimos que quedarnos allí hasta la mañana siguiente.

—¡Qué bien! Es seguro que te habrá hecho el amor hasta el amanecer.

—Desgraciadamente, no. ¡Sólo se le paró el automóvil!

PUDOROSA

Ella y él están completamente desnudos. Ella le pide:

—Por favor, querido, apaga la luz. Me da vergüenza que me vean hacer el amor.

—Está bien, pero conste que fuiste tú quien me invitó a la orgía.

CONOCIMIENTO

Una pareja llega al cuarto del hotel y se empieza a desnudar.

—Para que vayas sabiendo, Clarisa, en materia de sexo yo soy una enciclopedia.

—Puede ser, Jorge, pero por lo que estoy viendo eres el Pequeño Larousse.

FÚTBOL PROMISCUO

Están hablando dos fanáticos del fútbol.

—¿Vienes el domingo al estadio a ver el partido?

—Sí, pero voy con mi mujer.

—¿Para qué la traes a un lugar en donde hay tantos hombres? ¿Para que te la manoseen?

—Es preferible eso a dejarla en casa y que le hagan el amor.

DE MENTE

La hija va llorando a hablar con la madre.

—Mamá, tengo un embarazo psicológico.

—Bueno, nena, eso no es tan grave como para llorar.

—¿No te parece grave que el psicólogo me haya hecho el amor en una sesión de terapia?

NIÑOS VOCACIONALES

La maestra les pregunta a los alumnos sobre la vocación que van a desarrollar en el futuro.

—Yo quiero ser abogado —dice Albertito.

—Muy bien. ¿Y tú, Miguelito?

—Arquitecto, señorita.

—¡Qué lindo! ¿Y tú, Marcelita?

—Cuando sea grande, yo sólo quiero ser mamá.

—¡Qué dulce! ¿Y tú, Jaimito?

—Yo quiero ayudar a Marcelita a ser mamá.

OFICIOS

Un hombre y una mujer, que se conocieron circunstancialmente, hablan después de hacer el amor.

—¡Cómo se nota que eres cirujana! Has encendido la luz con el codo —comenta el hombre.

—Y tú anestesista —contesta la mujer—. No he sentido nada.

VENDIENDO SALUD

El padre lleva al hijo a la escuela. En el camino hay un burro con un enorme pene. El chico señala eso y el padre le dice:

—Es que ese burrito está enfermo.

Al otro día es la madre quien lleva al nene a la escuela y se encuentran con el mismo burro.

—Mira, mamá, papá me dijo que ese burrito está enfermo.

—¿Enfermo? Ya quisiera tu padre tener la mitad de la salud de ese burro.

CONTROL DE LA NATALIDAD

Un señor, fumando un habano, charla con una mujer que tiene una familia numerosa.

—¿Cuál es la causa por la que tuvo la exagerada cantidad de doce hijos?

—Es que le tengo mucho cariño a mi marido.

—Señora, yo también le tengo cariño a mi cigarro, ¡pero, de vez en cuando me lo saco de la boca!

Un onanista es aquel que puede contar sus novias con los dedos de una mano.

SUEÑOS RECURRENTES

Dos amigos casados hablan de su vida sexual.

—Últimamente tuve problemas nocturnos. Sueño con mujeres y me despierto con una erección molesta y dolorosa.

—¿Y pudiste solucionarlo?

—Sí, cada vez que me sucede, miro a mi mujer y se me pasa.

ETERNO ROMÁNTICO

Suena el teléfono y la mujer atiende.

—Hola, mi vida, ¿cómo estás?

—Bien, mi cielo.

—¿Los nenes están bien?

—Sí, mi amor.

—¿Ya almorzaron?

—Sí, mi príncipe, almorzaron y ahora están durmiendo la siesta.

—Eres única, preciosa, mi reina. Cuánto te quiero...

—Todo lo hago por ti, amoroso.

—¿Qué me cocinaste para esta noche?

—El plato que a ti te gusta, mi emperador.

—Ah, gracias, qué buena eres. Y qué sensual te escucho hoy...

—Es que cuando me hablas me enciendes de pasión, fauno de los bosques.

—¿Me esperarás esta noche con la lencería negra que me gusta tanto?

—Sí, y con el perfume francés que te enloquece.

—Qué placer. Siempre me brindas todos mis gustos.

—Soy tu esclava sexual, mi vida. Haz conmigo lo que desee tu pasión...

—Es por eso que te quiero tanto... Ardo en deseos de estar contigo... Ah, otra cosa: pásame con la señora que le tengo que decir algo.

ROPAJE

Se cruzan, en la calle, una chica y un joven. La mujer saluda, pero el muchacho no responde.

—¿No te acuerdas de mí? Nos conocimos la semana pasada en una fiesta.

—¡Ah, sí, ahora que lo dices te recuerdo! —responde el joven, golpeándose la frente—. Es que vestida no te reconocí.

EN LA CAMA, MI MARIDO SE PORTA COMO UN GATITO.
¡QUÉ AMOROSO!
ESO DICES TÚ, QUE NO TIENES QUE LIMPIAR LOS PELOS DE LAS SÁBANAS...
PARISSI

LUGAR EQUIVOCADO

El jovencito va a tener su debut sexual con una noviecita. Como no sabe nada de nada, le pide al padre que le cuente cómo es.

—Mira, primero la llevas a tu dormitorio, y la besas y la abrazas para entrar en clima. Cuando ella se sienta apasionada, se desnudan los dos, y pones tu pene en el lugar en donde ella hace pipí.

—¡¿En el inodoro?!